中國貿易開發、就業風險與企業異質性

李 娟◎著

崧燁文化

摘　要

　　就業風險和就業波動通常用勞動需求彈性來衡量。本書應用中國微觀企業數據庫實證檢驗貿易開放對中國勞動需求彈性的影響，並著重分析了企業異質性如何影響兩者的關係。

　　該課題的研究兼具現實意義和學術意義。勞動需求彈性反應勞動力市場的敏感度，較高的勞動需求彈性意味著外生衝擊發生時將會導致較大的就業波動和就業風險，是政策制定者的一個重要考量方面，因此關於貿易開放與勞動需求彈性關係的研究對於經歷內部改革和貿易開放的中國來講具有重要的意義。貿易開放對勞動需求彈性的衝擊和影響是國際經濟學領域廣泛關注的熱點問題，針對貿易開放與勞動力市場關係的研究，目前該領域的理論及實證文獻主要集中在工資效應（對勞動力價格的影響）和就業效應（對勞動需求數量的影響）兩個方面，而對勞動需求彈性影響的研究還比較少，目前還沒有對中國微觀企業數據的實證檢驗。同時，本書加入企業異質性因素分析，對企業異質性的考察可以檢驗某種經濟效應的發揮依賴於什麼樣的條件，從而可以為達到這種經濟效應的政策分析提供有價值的參考。

　　本書完成的主要工作以及取得的主要成果有：

　　第一，對基準模型的迴歸結果顯示，中國工業企業的勞動需求彈性在 $-0.240 \sim -0.360$ 區間，意味著外生衝擊致使工資上升（或降低）1%時，企業勞動需求將減少（或增加）$0.342\% \sim -0.360\%$，符合文獻中提出的勞動需求彈性應在 $-0.15 \sim -0.75$ 區間內的判斷。

　　第二，中國工業企業全樣本迴歸結果表明貿易開放將使中國勞動需求更富有彈性，從而加劇就業波動。該結論在接下來的各種迴歸中呈現穩健性。多種穩健性檢驗包括：分為產出可變與產出不變情形；分別利用最小二乘法和固定效應模型方法進行迴歸；貿易開放指標分別選擇進口滲透率和行業平均關稅率（分別計算簡單平均關稅率和加權平均關稅率）；要素生產率變量分別採用 LP

方法（Levinsohn-Petrin Method）和 OLS 方法（Ordinary Least Square）進行計算，每種方法又分別採用總產值模型和增加值模型計算。

第三，產業層面，按照不同的產業分類標準，分為高技術產業和低技術產業並分別考察，貿易開放對高技術產業中的企業勞動需求彈性衝擊比較顯著，而對低技術企業的作用不顯著，且該結論具有穩健性；在高技術企業就業的勞動者面臨更大的就業風險。

第四，區域層面，分為東部、中部、西部進行比較分析，中部和西部省份的勞動者所面臨的就業風險比較大，尤其是西部省份更為嚴重，若行業進口滲透率提高 0.10，將會增加勞動需求彈性 0.9%（符號為負），而中部省份企業的勞動需求彈性會增加 0.2%（符號為負）。東部沿海省份的勞動需求彈性受到貿易開放的衝擊較小甚至為正。

第五，企業異質性會影響貿易開放對勞動需求彈性的衝擊。①從出口行為來看，由於中國現有的出口產品結構和收入水平因素，與非出口企業相比，出口企業的勞動需求彈性比較小，在出口企業就業的勞動者所面臨的波動風險也相對較低；②企業所有權性質方面，國有企業和集體企業的所有權性質相比於基準情形（也就是國內合作企業）來說，能夠減輕貿易開放帶來的市場波動，而在外資企業和港澳臺投資企業中就業的勞動者則更容易遭受就業的不確定性影響；③工會因素方面，成立工會的企業和工會規模比較大的企業的勞動需求彈性受到貿易開放的衝擊相對較小；④性別差異方面，有微弱的實證證據證明在以女性為主的企業中，貿易開放對男性員工的就業波動衝擊較大，而在以男性為主的企業中，貿易開放對女性員工的就業衝擊較男性員工大；⑤勞動者技能水平差異方面，中國現階段熟練勞動力比非熟練勞動力更容易受到貿易開放的就業波動衝擊，尤其是在低技術企業就業的熟練勞動力。

本論著對現有文獻的主要貢獻有：

第一，本書首次運用中國大型微觀企業層面的數據估計中國的勞動需求彈性並檢驗貿易開放與勞動需求彈性的關係，首先是豐富了國際研究領域的實證證據，其次是突破了對中國現有研究局限於比較粗糙的區域—行業—時間維度的實證分析，深入到企業層面，使得該領域的研究更貼近現實情形，並進一步對實證結果進行了多種穩健性檢驗。

第二，微觀企業層面數據使得本書可以對影響貿易開放與勞動需求彈性關係的多種企業異質性因素的作用進行考察，檢驗「依狀況」而變化的情形。這些企業異質性包括企業出口行為、所有權性質、企業工會發展情況、性別差異、技術差異等。這是國內外現有文獻中首次對企業異質性對於勞動需求彈性

的影響進行細緻、全面的實證檢驗。

第三，在中國貿易開放宏觀背景下，本書期望對不同區域、不同產業部門以及具有不同特質企業勞動需求彈性的比較與解構能夠為中國勞動力市場的完善提供有價值的思考角度，希望這些實證發現能為中國在經濟全球化過程中減輕就業波動、完善就業保障帶來政策層面的啟示。例如，需要高度警惕貿易開放帶來的就業市場波動風險；工會可以成為就業市場的穩定器，應大力倡導企業建立工會及壯大工會規模，保障職工權益，減小就業波動；穩定出口與產業結構轉型相結合等。

關鍵詞：貿易開放　就業風險　勞動需求彈性　企業異質性

Abstract

　　Labor demand elasticity is an effective indicator measuring employment risk and employment fluctuation. Using China's firm-level panel data set during 1998—2007, this research examines the impact of trade openness on labor demand elasticity which reflects labors' insecurity, employment volatility and the relationship between employers and workers, and furthermore carefully investigates the effects of firm heterogeneity.

　　The research on the relationship between trade openness and labor demand elasticity has both practical significance and academic value. At the policy level, greater labor demand elasticity, which means higher volatility and risks in the employment market when exogenous shocks appears is an important consideration for policy-makers, especially for China which has experienced the reform and trade liberalization. On the other hand, there is a large body of literature that investigates the impact of trade openness on the labor market, most of which focuses on the wage effect (the price of labor) and employment effect (the quantity of labor) of trade and few examines the labor demand elasticity effect. More importantly, to my best knowledge, there has been no empirical study using China's micro-level data in this field so far and this research is the first enterprise population-level study on China's labor demand elasticity. Besides, this book also examines the impact of firm heterogeneity, such as export behavior, firm's ownership, unionization, gender difference and skilled labor ratio. The analysis of firm heterogeneity is helpful to investigate the mechanism of how trade affects labor demand elasticity or the conditions that this economic effect depends on.

　　The main contents of thebook can be summarized as below:

　　(1) The empirical results of the benchmark model show that the labor demand elasticity of China's industrial enterprises is between $-0.240 \sim -0.360$, which indicates

that when the exogenous shock makes the wage increases (or decreases) 1%, the firm's demand for labor will decreases (or increases) 0.342%–0.360%. And this result is consistent with the conclusion (firm's labor demand elasticity should between −0.15~−0.75) which the empirical literature draws.

(2) The results of the full sample regression show that trade openness will make China's labor demand more elastic which indicates that trade liberalization will aggravate employment fluctuations. The conclusion shows robust in the following many regressions. These robustness checks include: adding output constraint to control scale effect; using pooled OLS (White, 1980) and fixed effect model respectively; calculating import penetration and industry-level tariff rates (simple average industry-level tariff rate and weighted average industry-level tariff rate) as trade openness index; estimating total factor productivity applying LP method and OLS method by output model and added value model respectively.

(3) This book examines the different effects of trade liberalization on labor demand elasticity of high-tech firms and low-tech firms. And we find that trade openness has greater and more significant negative impact on China's high-tech firms and has insignificant impact on China's low-tech ones. This conclusion indicates that the labor working in high-tech firms will has higher employment risks, which shows robust in the following checks.

(4) This book examines the different effects of trade liberalization on China's three economic regions: the east, the middle and the west. Based on the empirical results, the book concludes that the middle and the west region of China will experience larger fluctuations of employment market, especially for the west region. That is, if the industry-level import penetration increases 0.10, the labor demand elasticity of the west region will increases 0.9%, and 0.2% for the middle region. But the impact of trade openness on labor demand elasticity for the east coastal provinces is smaller or insignificant statistically and even positive.

(5) Firm heterogeneity will affect the relationship between trade liberalization and labor demand elasticity.

① Export. Given the structure of China's export goods and income level at present, the labor demand elasticities of exporters are smaller than non-exporters and thus the labors employed by exporters are facing lower fluctuations risks comparatively than that employed by non-exporters.

② Ownership. The effect of trade liberalization on labor demand elasticity for state-owned companies (SOEs) and collective-owned companies (COEs) are smaller than for the benchmark (i.e. domestic joint ventures) whereas the effect of trade openness on labor demand elasticity for foreign firms (FDI) and Hong Kong, Macao and Taiwan (HMK) invested ones are greater than the benchmark. That is to say, workers in the FDI and HMK firms undergo larger employment volatility and uncertainty.

③ Unions. The impact of trade on labor demand elasticities of firms which have established unions and have larger union scale is larger than that of firms which have no labor unions and have lower rates of unionization.

④ Gender. Some weak empirical evidence shows that trade openness has greater negative impacts on male workers employed by firms basically consisting of female workers. Similarly, trade openness has greater negative effects on female workers in firms basically consisting of male workers.

⑤ Technical difference. Divide labors into two groups: skilled labor and unskilled labor. From the empirical results, we can see in the current stage China's skilled labor are more volatile than unskilled labor, especially the skilled labor in China's low-tech industries.

The research mainly contributes the literature in these aspects:

(1) This research is the first firm-level empirical study on China's labor demand elasticity and enriches the present literature in this field. Secondly, it extends the analysis from region – industry – time regime to firm heterogeneity, which makes it feasible to take non-linear relationship into consideration and much closer to the real world. Furthermore, this book provides many types of robustness checks.

(2) The availability of large micro-level data set makes me have access to empirically examine the 「state – dependent」relationship between trade openness and labor demand elasticity. In this book, such firm heterogeneity including export, ownership, unionization, gender and technique level are carefully investigated which is the first in the current literature.

(3) In the context of China's trade liberalization, we hope this book can provide a new point of considering labor market improvement and can give some advice in policy level on how to alleviate the employment volatility and improve employment security based on the empirical results. For example, we should be highly aware this kind of

employment risk-the increase of labor demand elasticity- brought by trade liberalization; unions can play the role of stabilizer of employment market and thus we should promote unionization and expand the unions scale to guarantee the security of labors; stabilizing the growth of exports and upgrading of the industrial structure are also important for employment security in the context of opening-up.

Keywords: Trade Openness, Employment Risks, Labor Demand Elasticity, Firm Heterogeneity

目　錄

1　導論 / 1
  1.1　研究背景 / 1
    1.1.1　基於中國貿易開放與勞動力市場波動的宏觀背景 / 1
    1.1.2　基於現有研究成果不足的文獻背景 / 2
    1.1.3　基於企業異質性因素與非線性研究的學術背景 / 3
  1.2　研究意義 / 3
    1.2.1　實踐意義 / 3
    1.2.2　學術意義 / 4
  1.3　研究邏輯與技術路線 / 5
    1.3.1　研究邏輯 / 5
    1.3.2　技術路線 / 6
  1.4　研究方法與內容安排 / 7
    1.4.1　研究方法 / 7
    1.4.2　內容安排 / 7

2　經濟全球化、勞動需求彈性與就業風險：文獻綜述 / 9
  2.1　勞動需求彈性與就業風險 / 9

  2.1.1 勞動需求彈性與勞動力市場穩定 / 9

  2.1.2 勞動需求彈性影響本國經濟全球化政策與福利政策 / 11

2.2 經濟全球化對勞動需求彈性的作用機制 / 12

  2.2.1 勞動需求彈性的理論推導 / 12

  2.2.2 貿易開放對勞動需求彈性的作用機制 / 12

  2.2.3 外包對勞動需求彈性的作用機制 / 14

  2.2.4 外商直接投資（FDI）對勞動需求彈性的作用機制 / 15

2.3 經濟全球化對勞動需求彈性的影響：實證檢驗 / 16

  2.3.1 勞動需求函數與計量模型 / 16

  2.3.2 基於生產者角度的實證檢驗 / 16

  2.3.3 基於勞動者角度的實證檢驗 / 19

  2.3.4 對中國的實證檢驗 / 20

2.4 經濟全球化、勞動需求彈性與勞動力市場制度 / 21

2.5 簡評 / 22

  2.5.1 基於異質性與非線性關係的研究 / 23

  2.5.2 基於微觀企業數據的研究更加有效 / 23

  2.5.3 基於中國經濟全球化特徵事實的實證研究 / 23

3 中國的貿易開放進程：特徵事實分析 / 28

3.1 貿易開放現象之一：關稅水平下降 / 28

  3.1.1 簡單平均關稅率 / 28

  3.1.2 加權平均關稅率 / 29

3.2 貿易開放現象之二：行業進口滲透率上升 / 35

3.3 貿易開放現象之三：出口企業增長 / 39

3.4 小結 / 40

4 模型、數據與方法 / 41

4.1 計量模型 / 41

4.1.1 勞動需求函數的推導 / 41

4.1.2 全要素生產率的估計 / 43

4.1.3 迴歸模型的設定 / 44

4.2 變量設置、數據來源與數據處理 / 45

4.2.1 變量設置 / 45

4.2.2 數據來源 / 46

4.2.3 數據處理 / 47

4.2.4 數據描述性統計 / 48

4.3 實證方法 / 52

4.3.1 經過 White（1980）異方差調整的混合 OLS 迴歸模型 / 52

4.3.2 面板數據模型 / 52

4.4 小結 / 53

5 貿易開放與勞動需求彈性：基本實證結果分析 / 54

5.1 全樣本基本實證結果分析 / 54

5.1.1 OLS 與固定效應模型 / 54

5.1.2 穩健性檢驗 / 59

5.2 貿易開放對不同技術水平部門勞動需求彈性的影響 / 66

5.2.1 依據高技術產業_Yearbook 分類的實證結果 / 69

5.2.2 依據高技術產業_Sheng 分類的實證結果 / 72

5.3 貿易開放對不同區域勞動需求彈性的影響 / 75

5.4 小結 / 81

6 企業異質性對勞動需求彈性的影響 / 82

6.1 非線性研究與企業異質性 / 82

6.1.1 非線性經濟學 / 82

6.1.2 企業異質性 / 83

6.1.3 研究企業異質性可以提供有價值的參考 / 83

6.2 貿易開放、出口與勞動需求彈性 / 84

6.2.1 理論基礎 / 84

6.2.2 模型與變量設定 / 85

6.2.3 數據描述 / 85

6.2.4 計量結果分析 / 87

6.3 貿易開放、企業所有權與勞動需求彈性 / 95

6.3.1 理論基礎 / 95

6.3.2 模型與變量設定 / 96

6.3.3 數據描述 / 97

6.3.4 計量結果分析 / 99

6.4 貿易開放、工會發展與勞動需求彈性 / 104

6.4.1 理論基礎 / 104

6.4.2 模型與變量設定 / 105

6.4.3 數據描述 / 106

6.4.4 計量結果分析 / 107

6.5 貿易開放、性別差異與勞動需求彈性 / 113

6.5.1 理論基礎 / 113

6.5.2 模型與變量設定 / 113

6.5.3 數據描述 / 114

  6.5.4 計量結果分析 / 115

 6.6 貿易開放、熟練勞動力與勞動需求彈性 / 126

  6.6.1 理論基礎 / 126

  6.6.2 模型與變量設定 / 126

  6.6.3 數據描述 / 127

  6.6.4 計量結果分析 / 130

 6.7 小結 / 148

7 總結、政策啟示與研究展望 / 149

 7.1 本論著的主要研究成果 / 149

 7.2 主要創新點 / 150

 7.3 政策啟示 / 151

  7.3.1 高度警惕貿易開放帶來的就業市場波動風險 / 151

  7.3.2 工會可以成為就業市場的穩定器 / 151

  7.3.3 穩定出口與產業結構轉型相結合 / 152

 7.4 研究展望 / 153

  7.4.1 研究的不足之處 / 153

  7.4.2 進一步研究的方向 / 154

參考文獻 / 155

附錄 高技術產業統計分類目錄 / 165

1 導論

勞動需求彈性反應勞動力市場的敏感度，較高的勞動需求彈性意味著外生衝擊發生時將會導致較大的就業波動和就業風險。貿易開放對勞動需求彈性的衝擊和影響是國際經濟學領域廣泛關注的熱點問題，同時也是政策制定者的一個重要考量方面。關於貿易開放與勞動需求彈性關係的研究對於經歷內部改革和貿易開放的中國來講具有重要的意義。

1.1 研究背景

1.1.1 基於中國貿易開放與勞動力市場波動的宏觀背景

近十年來，經濟全球化和勞動需求彈性都發生了顯著變化，一方面，經濟全球化進程在世界範圍內持續深入（Senses, 2010），國際貿易與對外直接投資規模不斷增大；另一方面，勞動需求彈性在最近的 20 年中呈現不斷增大趨勢（Hijzen 和 Swain, 2010），勞動者所面臨的風險也在增加（Gottschalk 和 Moffitt, 1994; Card, 2001; Bertrand, 2004; Krishna 和 Senses, 2009）[1]，勞動者的職業安全感以及社會安定感逐漸降低（OECD, 2007），這些現象都迫切地需要學者做出相應的理論解釋和實證檢驗。

從中國來看，1978 年以來的對外開放，讓中國從封閉經濟轉向開放經濟，尤其是 2001 年加入 WTO 后，貿易開放進程進一步加快，之後中國進入全面開放時代。2001—2011 年的 10 年間，關稅總水平由 15.3% 降至 9.8%，遠低於發展中國家平均水平；出口增長 4.9 倍，進口增長 4.7 倍，占世界貿易總額比重由 4.4% 增長到 9.9%，貿易額世界排名由第六位躍升到了第二位；中國服務貿易開

---

[1] Gottschalk 和 Moffitt（1994）、Card（2001）、Bertrand（2004）、Krishna 和 Senses（2009）分別基於近年來勞動者工作條件的變動、工會的衰落、勞方與資方共擔風險安排的範疇縮小、收入波動增加等角度證實了勞動風險的增加。

放部門達到 100 個，接近發達國家水平，2001—2010 年，服務貿易總額由 719 億美元增至 3,624 億美元；利用外資的規模從 468 億美元增至 1,057 億美元，連續 19 年居發展中國家首位；中國企業「走出去」規模越來越大，10 年間中國對外直接投資（非金融類直接投資流量）連續保持增長勢頭，年均增速約為 50%，至 2010 年年底，中國已經在世界 178 個國家和地區開設企業，對外投資企業境外納稅總額達 117 億美元，2010 年中國對外直接投資占全球當年流量的 5.2%，居全球第五，首次超過日本、英國等傳統對外投資大國。[①]

與此同時，中國的勞動力市場也出現了明顯的變化，在經歷就業迅速擴大、遭遇勞動力市場衝擊的同時，就業形式和就業增長方式發生了巨大的變化，這個過程又是在經濟全球化背景之下，通過擴大對外開放而實現的（蔡昉，2007）。在 2008 年全球金融危機的衝擊下，中國對外貿易和外資流入都出現了不同程度的放緩，就業市場壓力也隨之增加，特別是對於那些以加工貿易為主的企業和嚴重依賴外資的產業部門，就業問題更為嚴峻。2012 年，不熟練勞動力「短工化」現象作為一種新的勞動力市場特徵和社會問題被廣泛關注，勞動者頻繁更換工作帶來了一系列的弊端，例如就業質量低下、勞動者漂泊無依感增強、社會管理成本增加、就業市場波動加劇、不利於企業人力資本的形成和產業轉型升級等。那麼，中國貿易開放的深入發展與勞動力市場的變化是否存在著某種關聯？這種關聯有些什麼樣的形式？又有哪些因素會影響到貿易開放與勞動力市場的關係？對這些問題的思考正是本書的邏輯起點，也是本書需要解決的核心問題。

1.1.2 基於現有研究成果不足的文獻背景

首先，針對貿易開放與勞動力市場關係的研究，目前該領域的理論及實證文獻主要集中在工資效應（對勞動力價格的影響）和就業效應（對勞動需求數量的影響）兩個方面，而對勞動需求彈性影響的研究還比較少[②]。

其次，在少量的檢驗貿易開放與勞動需求彈性關係的文章中，還沒有對中國微觀企業數據的實證檢驗[③]，因此應用中國數據的實證研究具有較大的前景

---

① 統計數據來源於《中國經濟時報》、《光明日報》等媒體的「中國入世十周年」相關專題報導。
② 對貿易開放與勞動需求彈性領域的文獻綜述見第二章。
③ 國際英文文獻中還沒有對中國貿易開放與勞動需求彈性關係的實證檢驗，公開發表的此領域的中文文獻有周申（2006）、盛斌和牛蕊（2009）、毛日昇（2009）等，但都是利用行業層面的數據進行研究，而不是微觀企業數據。

和潛力，有助於豐富現有的文獻體系。中國的對外開放，尤其是以加入 WTO（World Trade Organization，世界貿易組織）為里程碑事件的貿易開放進程為研究兩者關係提供了很好的自然實驗（Natural Experiment）。特別重要的一點是，中國高質量微觀企業數據的可獲得性為開展有效的實證檢驗提供了比較可信的數據來源，有助於深入企業微觀層面檢驗經濟全球化對勞動需求彈性的作用機制。

1.1.3　基於企業異質性因素與非線性研究的學術背景

「以探索經濟系統非線性機制及其規律為目標的非線性經濟學已成為現代經濟學前沿，非線性經濟學為整個經濟學研究提供了新思路、新視角」（張永安、湛墾華，1996），企業異質性是導致非線性關係產生的重要原因之一。近年來，對企業異質性因素的考察和檢驗已經成為國際經濟學領域的新方向。本書將詳細考察具有不同異質性特徵的企業，在面臨貿易開放衝擊時，就業需求的穩定性、勞動需求彈性受到的影響存在哪些差異。這些異質性特徵包括是否從事出口、不同的企業所有權性質、不同的企業工會發展狀況、性別差異、技術差異等。對企業異質性的考察可以檢驗某種經濟效應的發揮依賴於什麼樣的條件，從而可以為達到這種經濟效應的政策分析提供有價值的參考。

1.2　研究意義

1.2.1　實踐意義

最早對經濟全球化與勞動需求彈性的關係進行研究的是 Rodrik（1997），他在理論上闡述了研究國際貿易對勞動需求彈性影響的重要意義：國際貿易對勞動力市場的影響可能會更多地體現為勞動需求彈性的改變而非勞動價格的變動。即使國際貿易所導致的國內勞動價格變化很小，國際貿易仍可通過改變該國勞動需求彈性而對勞動力市場造成壓力。因此，研究勞動需求彈性在經濟全球化過程中的變化就具有更廣泛和普遍的意義。

在中國貿易開放宏觀背景下，本書期望對不同區域、不同產業部門以及具有不同特質企業勞動需求彈性的比較與解構能夠為中國勞動力市場的完善提供有價值的思考角度，希望這些實證發現能為中國在經濟全球化過程中減輕就業波動、完善就業保障帶來政策層面的啟示。

1.2.1.1 國家層面

勞動力市場的劇烈波動會影響到社會的和諧安定。一方面，社會中相當一部分的成員一直在換工作，人口流動異常頻繁，增加了潛在的不穩定因素；另一方面，人口頻繁流動和遷徙過程中會產生很多的社會問題，比如子女教育不連續、戶籍人事關係調動、社保養老金的繳納等，都會增加社會的運行成本。檢驗貿易開放給勞動力市場尤其是就業波動帶來的影響，可以為我們認識就業市場波動、防範就業風險、維護社會安定提供一個新穎的角度，把握兩者之間關係的規律性，在政策層面做到未雨綢繆，及時採取措施，有利於熨平經濟波動，減小社會運行成本；識別那些容易受到就業波動衝擊的勞動群體，可以更有針對性地搭建預警、救助、培訓、再就業等就業服務體系，有利於實現社會公平。

1.2.1.2 企業層面

勞動需求彈性增大不利於中國企業的長遠發展和轉型升級。雖然企業或工廠傾向於使用比較靈活的用工制度來控制勞動力成本，但是從長遠來看，員工頻繁跳槽不利於企業人力資本的集聚與累積，尤其是對於從勞動密集型轉型為資本密集型、技術密集型或知識密集型的中國企業，穩定勞動關係、打造穩定的人力資本團隊更為重要。本書在貿易開放宏觀背景下檢驗企業勞動需求彈性的變化，尤其是對於企業異質性因素的考慮，可以為企業主動建立適應自身狀況的勞動保障體系帶來某些啟示。例如企業積極推動工會成立和提高員工入會比例、致力於開拓國際市場，都有利於企業形成穩定的勞動關係。

1.2.1.3 勞動者層面

就業的平穩性和連續性事關勞動者的生活質量和福利水平，較高的勞動需求彈性會給勞動者帶來焦慮和不安定感。本書基於勞動者的就業風險，判斷貿易開放帶來的負面影響，所得出的結論可以引起國家層面和企業層面對勞動者就業波動的關注，有利於推動相應的改善措施出抬，從而提高勞動者的生活質量。

1.2.2 學術意義

本書將首次運用中國大型微觀企業層面的數據估計中國的勞動需求彈性並檢驗貿易開放與勞動需求彈性的關係，這在現有文獻中是第一個。本書首先是豐富了國際上此研究領域的實證證據，其次是突破了對中國現有研究局限於比較粗糙的區域—行業—時間維度的實證分析，深入到企業層面，使得該領域的研究更貼近現實情形，並進一步對實證結果進行了多種穩健性檢驗。

微觀企業層面數據使得本書可以對影響貿易開放與勞動需求彈性關係的多種企業異質性因素的作用進行考察，檢驗「依狀況」而變化的情形。這些企

業異質性包括企業是否出口、所有權性質、企業工會發展情況、性別差異、技術差異等。這是國內外現有文獻中首次對企業異質性對於勞動需求彈性的影響進行細緻、全面的實證檢驗。

1.3 研究邏輯與技術路線

1.3.1 研究邏輯

本書的研究邏輯遵循提出問題→分析問題和解決問題→總結問題的思路。

1.3.1.1 提出問題

本書首先介紹為什麼提出貿易開放與勞動需求彈性這個問題，並闡明提出的問題具體是什麼，需要檢驗的命題是什麼。

（1）明確為什麼提出貿易開放與勞動需求彈性這個問題。勞動彈性具有豐富的經濟學含義和政策含義，結合中國貿易開放與勞動力市場波動的宏觀背景，考慮到現有文獻還沒有利用中國微觀企業數據對這個命題的檢驗，還沒有文獻詳細考察企業異質性對兩者關係的影響，本書的研究具有實踐和學術上的雙重意義。

（2）明確需要檢驗的命題是什麼。本書要實證檢驗的核心命題是中國貿易開放對企業勞動需求彈性產生了什麼樣的影響，這種影響又因企業異質性而呈現怎樣的變化。

1.3.1.2 分析問題和解決問題

本書分析問題和解決問題的過程採用了實證研究方法。實證過程分為三個部分：實證的背景分析、實證的模型推導與數據說明、實證的計量結果分析。

（1）實證的背景分析，需要闡述本實證研究的理論基礎、實證文獻基礎和中國貿易開放的特徵事實基礎。

（2）實證的模型推導與數據說明，從理論上推導納入全要素生產率的勞動需求函數，並設置供實證檢驗的可識別的模型，設定合理的變量，對數據庫進行說明並對數據進行處理。

（3）實證的計量結果分析，分為基本實證分析和擴展的考慮企業異質性的實證結果分析。展示實證結果並對實證結果進行解讀。

1.3.1.3 總結問題

本書在最後總結本研究取得的主要成果、主要的創新點、政策啟示、研究不足以及應進一步研究的課題。

1.3.2 技術路線

結合以上的研究邏輯，本研究的技術路線圖如圖 1.1 所示。

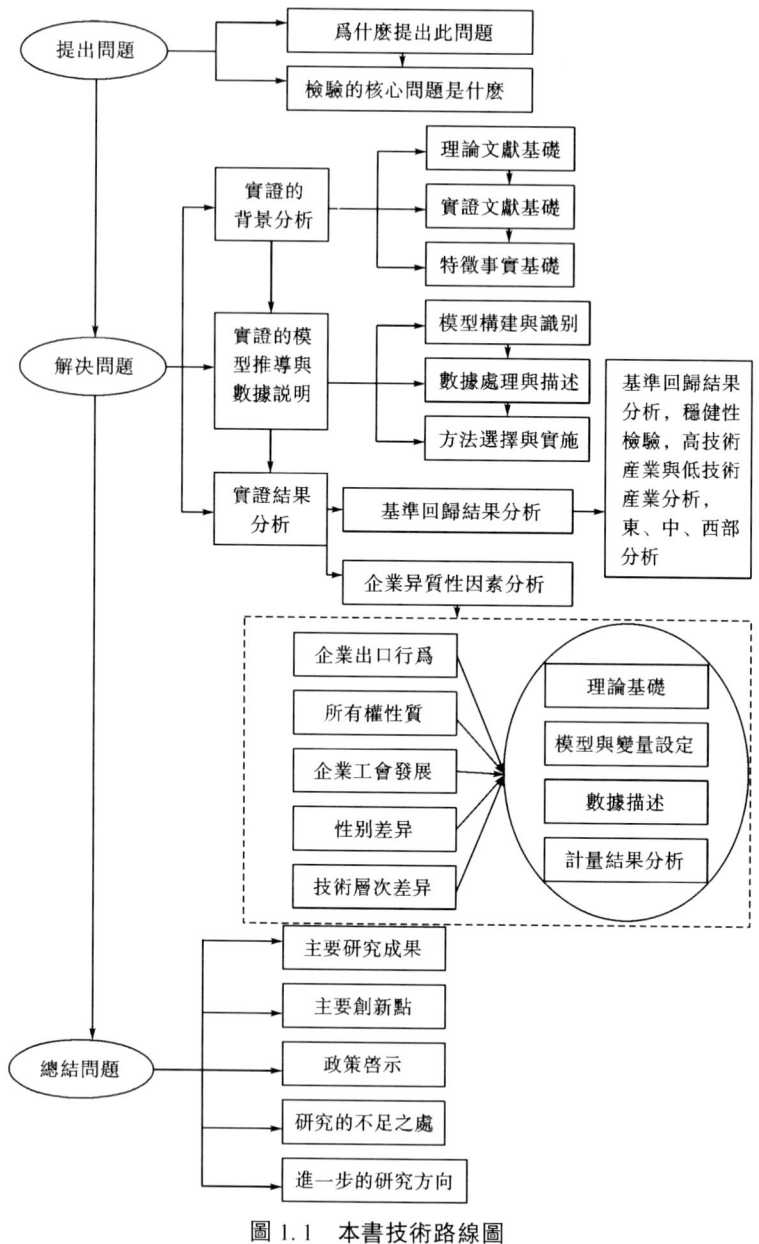

圖 1.1　本書技術路線圖

1.4 研究方法與內容安排

1.4.1 研究方法

1.4.1.1 理論模型推導與實證檢驗相結合

作為實證研究,實證檢驗是本書的重點,但實證檢驗的模型和方程並不是憑空想像出來的,而是在大量的文獻整理基礎上,依據勞動經濟學理論推導得出的。理論分析是基礎,根據 Hamermesh(1986a,1986b)總結的「要素需求基本法則」,分析理論上貿易開放會通過替代效應和規模效應兩個渠道提高勞動需求彈性,接著從企業生產函數出發推導勞動需求函數,加入適當的貿易開放的代理變量,綜合運用大型微觀企業數據,綜合運用統計數據描述、圖表分析、規範的計量方法,對這一命題的理論假設進行量化論證。

1.4.1.2 實證檢驗的具體方法

具體地,本書進行實證檢驗的方法包括經過 White(1980)異方差調整的混合 OLS 迴歸模型與面板數據模型(Panel Data Model)。分行業估計企業的全要素生產率時,分別應用 LP 方法(Levinsohn-Petrin Method)和混合 OLS 迴歸方法對總產值模型和增加值模型進行迴歸得到。

1.4.2 內容安排

根據以上的研究邏輯和技術路線圖,本書圍繞貿易開放對勞動需求彈性的影響展開分析。在明確勞動需求彈性定義和勞動需求彈性的經濟含義的基礎上,全面展示了本論著的研究意義,然後通過梳理該領域內的前沿文獻、簡述中國貿易開放的進程與現狀,推導勞動需求函數和計量模型,然後進入本論著的主體部分:①應用中國工業企業數據對貿易開放與勞動需求彈性的關係進行了實證檢驗,並謹慎地進行了多種穩健性檢驗;②實證檢驗具有不同特質的企業,在面臨貿易開放衝擊時,其就業需求的穩定性、勞動需求彈性受到的影響有何不同,豐富了現有文獻體系。

本書分四部分展開論述,框架結構如下:

第一部分是導論,包括第一章。本章是全書的基礎,說明本研究的選題背景、研究意義、研究邏輯、技術路線,在此基礎上概括論著應用的研究方法並列出全書的結構安排。

第二部分是論著實證前的理論背景和中國現實背景分析。包括第二章和第

三章。

第二章：經濟全球化、勞動需求彈性與就業風險：文獻綜述。本章從勞動需求彈性的研究意義、經濟全球化影響勞動需求彈性的理論機制、經濟全球化影響勞動需求彈性的實證證據、勞動力市場制度對兩者關係的影響四個方面對國內外的研究成果進行梳理和總結。經濟全球化的內容又分為國際貿易、外包、外國直接投資三個部分。最後對現有文獻進行了簡要評價。

第三章：中國的貿易開放進程：特徵事實分析。本章從三個角度展示了1998年以來中國貿易開放的程度：進口關稅率下降（分別計算了簡單平均關稅率與加權平均關稅率）、行業進口滲透率上升、從事出口的企業數量增長。這三個指標也將作為實證部分中的貿易開放變量。

第三部分是實證主體部分，包括第四章、第五章、第六章。

第四章：模型、數據與方法。本章從理論上推導考慮全要素生產率的勞動需求函數，並應用一種更為合理的方法——Levinsohn-Petrin方法，分行業計算企業的全要素生產率。之後加入貿易開放變量以及貿易開放變量與工資價格的交互項構建基本迴歸模型；變量設定方面，考慮了通貨膨脹因素，每個價值變量均計算了不變價格基礎上的真實值；對1998—2007年中國工業企業數據進行異常值剔除、產業調整等處理。

第五章：貿易開放與勞動需求彈性：基本實證結果分析。依據第四章中建立的模型，利用中國工業企業數據庫提供的數據進行基本的迴歸分析。主要包括根據全樣本利用最小二乘法和固定效應模型迴歸；產業層面，按照不同的產業分類標準，分為高技術產業和低技術產業並分別考察；區域層面，分為東部、中部、西部，並進行比較分析。另外，進行多種穩健性檢驗，包括貿易開放指標分別選擇進口滲透率和行業平均關稅（分別計算簡單平均關稅率和加權平均關稅率）；全要素生產率變量分別採用LP方法和OLS方法進行計算，每種方法又分別採用總產值模型和增加值模型計算。

第六章：企業異質性對勞動需求彈性的影響。這一章是對第五章的拓展和延伸，主要考察多種企業異質性對貿易開放與勞動需求彈性兩者之間非線性關係的作用，重點討論企業出口行為、所有權性質、企業工會發展情況、性別差異、技術水平差異對這兩者關係的影響。對每一種企業異質性的檢驗都包括理論基礎、模型與變量設定、數據描述和計量結果分析四個部分，並進行了充分的穩健性檢驗。

第四部分是結論，包括第七章。本章總結本書的主要研究結論和創新點，提出研究結論帶來的有價值的政策參考，並說明了論著的不足之處以及未來進一步研究的方向。

2 經濟全球化、勞動需求彈性與就業風險：文獻綜述

本章將從勞動需求彈性的研究意義、經濟全球化影響勞動需求彈性的理論機制、經濟全球化影響勞動需求彈性的實證證據、勞動力市場制度對兩者關係的影響四個方面對國內外的研究成果進行梳理和總結，並進行簡要評價。

2.1 勞動需求彈性與就業風險

2.1.1 勞動需求彈性與勞動力市場穩定

勞動需求彈性是指勞動力需求對勞動價格即工資的彈性[①]，它反應了企業的勞動力需求對工資率變動的敏感程度。實踐中，勞動需求彈性具有豐富的政策含義。勞動需求的價格彈性反應勞動力市場結構的敏感度，勞動需求彈性的增加意味著外生衝擊將會產生較大的就業波動和就業風險，會影響到收入分配、就業風險、工作的穩定性與勞動雇傭關係（盛斌和牛蕊，2009），較大的勞動需求彈性會給勞動者帶來焦慮和不安定感，從而影響到社會穩定。經濟全球化背景下，全面評估貿易開放對勞動需求彈性的影響將有助於有針對性地完善就業保障制度以減輕勞動力市場波動、化解勞動者就業風險。

Rodrik（1997）認為勞動需求彈性上升會帶來三個重要的后果：

一是勞動需求彈性提高將導致非工資勞動成本由雇主向勞動者轉移，勞動者將承擔更大份額的非工資勞動成本，如圖 2.1 所示。假設勞動需求彈性較高與較低兩種情形，較高的勞動需求彈性情形下勞動需求曲線（L_{dh}）更為平坦。L_{dl} 表示彈性較低的勞動需求曲線，Ls 為勞動供給曲線，最初的勞動力市場均衡點位於 A 處，

[①] 一般地，本書的勞動需求彈性均指勞動需求的自身工資彈性，不考慮勞動需求的交叉價格彈性。

均衡工資水平為 W_0。假設這時存在非工資成本的發生，例如勞動標準提高，企業需按要求改善工作環境。這一行為好比是對就業徵稅，會導致勞動供給曲線向左移動，形成新的均衡點 B（低彈性）與 C（高彈性），工資水平分別降低為 W_1 與 W_2，且 $W_1>W_2$。在勞動需求彈性較低的企業，勞動者需要負擔的成本為 (W_0-W_1)；在勞動需求彈性較高的企業，勞動者需要負擔的成本為 (W_0-W_2)。因此，勞動需求彈性越大的企業中的勞動者所承擔的非工資成本的份額越大。

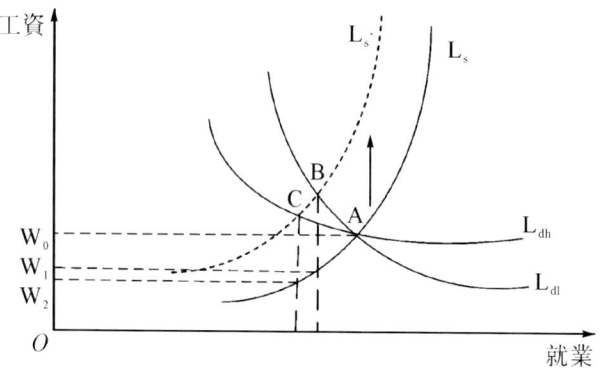

圖 2.1　不同勞動需求彈性情形下非工資勞動成本在勞動者與企業間的分配

二是在外生衝擊導致勞動需求變化時，較高的勞動需求彈性將導致更大的工資和就業波動。假設有一個正向的勞動需求衝擊，例如最終產品價格上升導致勞動需求增加，與圖 2.1 類似，考慮勞動力市場的供求關係，如圖 2.2 所示，比較勞動需求彈性較高（L_{dh}）與較低（L_{dl}）兩種情形。對勞動的需求增加，勞動需求曲線向上移動，形成新的均衡點，分別為點 B 與點 C。可以看到，在勞動需求彈性較大的情形下，勞動需求曲線更為平坦，工資增長的幅度以及就業增長量都要大於勞動需求彈性較低的情形。

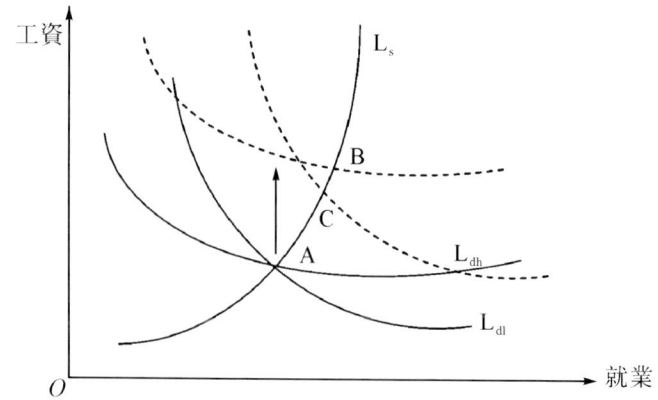

圖 2.2　不同勞動需求彈性情形下勞動力市場對外來衝擊的反應

三是在享有超額利潤的企業中，較高的勞動需求彈性將增強資方的地位，削弱勞動者在企業盈餘分配談判中的話語權，損害勞動者的利益。工資實質上是勞動力的租金（Labor Rent）（Katz 和 Summers，1989；Blanchflower, Oswald 和 Sanfey，1996），工資議價實際上是勞動者與雇傭方相互博弈、討價還價以確定如何分配（共享）企業租金的過程。基於該視角，勞動需求彈性增加意味著工人的可替代性增強，進而博弈力量受到制約，所獲租金份額下降，其後果是工會地位及其影響力下降。20 世紀 80 年代早期發生的大罷工的動機的轉變有力地說明了勞方與資方議價能力的博弈正成為勞動力市場上的主要矛盾（Mitchell，1985）：這些罷工的原因不是抵制通貨膨脹和過高的失業率，而是反對工資凍結及削減，並且這些罷工更多地發生在國際貿易規模較大的產業部門，說明國際貿易給勞動需求彈性帶來了一定的負面影響。IMF（國際貨幣基金，2007）的研究指出勞動需求彈性的上升可以解釋收入中工資份額不斷下降的現象。

其他學者如 Scheve 和 Slaughter（2004）從不確定性角度闡述了勞動需求彈性與就業穩定性的關係。他們認為勞動者的就業安全與工資和就業的不確定性密切相關。不確定性大的工作會給勞動者帶來較大的不安全感，也就是說，厭惡風險的勞動者更偏好較穩定的工作。外資企業勞動需求彈性較大可以部分地解釋外資企業工資較高的現象，因為較高的勞動需求彈性意味著更大的就業不確定性，不確定性增大要求更高的工資來予以補償。Fabbri、Slaughter 和 Heskel（2003）也認為勞動需求彈性增加可以有力地解釋勞動力市場上的一個重要現象：勞動者的工作不安全感越來越嚴重，表現為較劇烈的收入波動、越來越短的工作合同期限等。勞動需求彈性也有助於解釋工資談判相對力量的演變，勞動需求彈性增加將會削弱勞動者在工資談判中的地位。Bertrand（2004）認為勞動需求彈性可以影響勞方與資方共擔風險的比例，例如在勞動需求彈性較大的情況下，處於強勢地位的資方可以簽訂長期的固定工資合同，這樣勞動力市場的波動風險就完全由勞動者來承擔了。

2.1.2 勞動需求彈性影響本國經濟全球化政策與福利政策

基於勞動需求彈性與就業市場穩定性、勞動者安全感的密切關聯性，對勞動需求彈性層面的影響的關注將會影響本國對待經濟全球化的態度以及國內福利政策的變化。一方面，開放後，那些真實工資水平或者相對工資降低（Gabel，1998；Mayda 和 Rodrik，2001；O'Rourke 和 Sinnott，2001；Scheve 和 Slaughter，2001a，2001b，2004）或者收入波動增大的個體將傾向於反對經濟全球化，反對跨國公司在本國投資，這些會左右國內的對外開放政策，影響決策層的政策偏

好；另一方面，勞動力市場波動的加劇會增加勞動者對社會保障的需求，福利政策層面也會發生相應的改變。Fabbri、Slaughter 和 Heskel（2003）也指出，勞動需求彈性的增加還事關政策制定。例如，勞動需求彈性的增加可能會給勞方帶來更多的稅（如勞工標準）從而增加勞動者所負擔的成本。

2.2 經濟全球化對勞動需求彈性的作用機制

2.2.1 勞動需求彈性的理論推導

對勞動力的需求是一種派生需求，即根源上是由消費者對最終產品和服務的需求而引發的。依據希克斯—馬歇爾派生需求定理（Hicks，1963），在保持其他條件不變的情況下，有四種情況將會導致勞動需求彈性的增加：①勞動投入與其他生產要素之間的可替代彈性增大；②最終產品的需求價格彈性增大；③其他生產要素的供給彈性增大；④勞動力成本占生產總成本的比重提高。

基於上述定理，Hamermesh（1986a，1986b）總結了「要素需求基本法則」，指出一個企業的勞動需求彈性取決於三個變量：要素的不變產出替代彈性、最終產品的需求彈性和勞動在總成本中所占的份額，即：

$$\eta_{LL} = -[1-s]\sigma_{LL} - s\varepsilon_j \qquad (2.1)$$

式（2.1）中，η_{LL} 表示勞動需求彈性，為負值；s 是勞動在總成本中的份額；σ_{LL} 表示產出不變時其他要素對勞動力的替代彈性；ε_j 為最終產品的需求彈性。s、σ_{LL}、ε_j 均定義為正值。該法則將勞動需求彈性分解為兩部分，一部分是 $-[1-s]\sigma_{LL}$，表示給定產出水平下，當工資提高時其他要素對勞動力要素的替代，稱為「替代效應」（Substitution Effect）或產出不變的勞動需求彈性；另一部分是 $-s\varepsilon_j$，表示工資變化引致的產出變化，稱為「產出效應」或「規模效應」（Scale Effect）。當工資上升時，替代效應和規模效應都會使得勞動力需求減少，因此 $\eta_{LL} < 0$。

2.2.2 貿易開放對勞動需求彈性的作用機制

2.2.2.1 進口貿易與勞動需求彈性

進口貿易可通過「替代效應」和「規模效應」影響勞動需求彈性（Rodrik，1997）：

（1）進口貿易產生替代效應。進口貿易為企業提供了獲取國外生產要素的渠道，增加本國廠商獲取進口中間投入品的種類、降低中間投入成本，從而

對勞動要素產生替代，替代效應機制將增大勞動需求彈性。因此，理論上，進口貿易將會通過增大 σ_{LL} 和 ε_j 來增大勞動需求彈性。①

（2）進口貿易產生規模效應：目前很多文獻通過建立不同的貿易開放模型證實貿易開放會降低企業的加成定價（Markups），而企業產出的價格需求彈性則與這種價格加成負相關，因此貿易開放將會增大企業最終產品的需求彈性②。根據式（2.1），最終產品需求彈性的提高將會使勞動需求更富有彈性。

2.2.2.2 出口貿易與勞動需求彈性

Rodrik（1997）提出的以上兩種機制被大部分文獻引用，集中在對進口增加帶來的競爭效應的分析，卻忽略了經濟全球化進程中出口規模不斷擴大所帶來的影響。Fajnzylber 和 Maloney（2005）首次對出口的作用進行了分析，提出出口與勞動需求彈性的關係可能與出口目的國的收入高低有關。之後 Mitra 等（2011）對該領域進行了開創性的研究，對出口貿易與勞動需求彈性做了理論模型上的推導，證明出口企業的勞動需求彈性取決於三個因素：本國市場的產品需求彈性（ε^H）、國際市場的產品需求彈性（ε^F）和出口強度（χ）③，即 $\eta_{LL} = -\{1+\beta[(1-\chi)\varepsilon^H + \chi\varepsilon^F - 1]\}$。當經濟全球化不斷深入，關稅壁壘降低時，出口強度增大，即 $\Delta\chi>0$，給定 $\varepsilon^H < \varepsilon^F$，則 $\Delta\eta_{LL}<0$，即勞動需求彈性增大。進一步地，Mitra 等（2011）提出 $\varepsilon^H < \varepsilon^F$ 成立的情形可能包括：①出口目的國市場廣闊，可容納大量的生產同類型產品的企業，本國產品面臨激烈的競爭，被替代的風險較大；②出口目的國人均收入較低，本國出口產品對本國來講是必需品，而對於夥伴國來說則是奢侈品，這種情形下夥伴國的產品需求更富有彈性。因此出口貿易可以通過以上兩種渠道影響勞動需求彈性。

Jean（2000）在完全競爭及阿明頓假說④前提下，通過建立一個基於發達小國產業層面的模型，分析了貿易開放可以通過影響國內產業分工類型來提高勞動需求彈性。在他的模型中，有兩種要素——熟練勞動力與不熟練勞動力、N 種商品（產業部門），並且著重考慮規模效應，因此假設兩種勞動力要素是完全互補的以控制替代效應。需求方面效用函數為嵌套的柯布—道格拉斯函數，並受到預算約束，供給方面滿足里昂惕夫生產函數，因為假設是小國情

---

① 勞動所占總成本份額 s 也會影響勞動需求彈性，但是對於國際貿易如何影響 s 的機制目前還沒有定論。本書假設 s 在貿易開放過程中沒有發生變化。大部分文獻在進行實證分析時均採用了這一假設。

② 增大產品需求彈性指的是 η_{LLj} 的絕對值變大。

③ 出口強度通過計算一個企業的出口額占其銷售額的比重得到。

④ 即不同國家的產品具有不完全替代性。

形，外國商品價格是外生的。閉合條件是貿易均衡且收入等於消費，最終推導出非熟練勞動力的自身工資彈性的絕對值是貿易開放變量的增函數。也就是說，當存在一個外生衝擊使得非熟練勞動力工資增長時（如政府規定了高於勞動力市場完全競爭條件下的充分就業工資水平的最低工資限制），開放程度越高、與外國商品競爭越激烈的產業部門中的非熟練勞動力所承受的失業的成本越大，即勞動需求彈性越大。這一結果出現的機制是：非熟練勞動力工資成本上升，將增加密集使用非熟練勞動力的商品的生產成本。在開放條件下，這意味著此類商品市場份額將受到國外同類商品的挑戰，商品需求萎縮，減少非熟練勞動力密集度高的商品生產，更加專業化生產以熟練勞動力為主的產品，進而將會有更多的非熟練勞動力被釋放出來，造成失業。

2.2.3 外包對勞動需求彈性的作用機制

Hijzen 和 Swaim（2010）系統地分析了企業加入國際生產網路，即從事離岸外包對勞動需求彈性的影響。根據 Hamermesh（1986a，1986b）提出的要素需求基本法則，將外包對勞動需求彈性的影響分解為三個機制：

$$\frac{\partial \eta_{LL}}{\partial s_M} = [\Delta \text{substitution effect}] + [\Delta \text{scale effect}]$$

$$= \left[-(1-s_L)\frac{\partial \sigma}{\partial s_M} + \sigma \frac{\partial s_L}{\partial s_M}\right] + \left[-s_L \frac{\partial \eta_P}{\partial s_M} - \eta_P \frac{\partial s_L}{\partial s_M}\right] \quad (2.2)$$

式（2.2）表明：

（1）外包可以增大要素間替代彈性 σ，即 $\frac{\partial \sigma}{\partial s_M} > 0$。通過投入一定的固定成本參與到國際生產網路中的企業，可以充分利用全球成本較低的生產要素並且可以依據全球經濟環境的變化靈活地調整要素投入組合，導致要素替代彈性增大。

（2）理論上外包對最終產品市場競爭效應的影響不清晰[①]。因為外包主要影響中間投入品環節，所以目前文獻尚沒有判斷出開展外包後國內最終產品之間的競爭程度有何變化，外包對最終產品種類（壟斷競爭情形下適用）以及最終產品的市場定價能力（壟斷競爭或者寡頭情形下適用）的影響機制尚不能確定。Hijzen 和 Swaim（2010）認為外包對最終產品需求彈性的影響為 0，即 $\frac{\partial \eta_P}{\partial s_M} = 0$。

---

① 這一機制不同於貿易開放對勞動需求彈性的影響。理論上貿易開放可以增強最終產品市場的競爭程度，導致最終產品需求的價格彈性增大。

（3）理論上，外包可以降低企業的勞動投入在總成本中的份額，即 $\frac{\partial \ s_L}{\partial \ s_M}<0$。理由是，外包通常最先是將勞動密集型的生產階段或任務轉移至海外，尤其是基於發達國家的特徵事實分析表明，這些具有資本和技術稟賦優勢的企業傾向於將低端的、以不熟練勞動力為主的生產外包給發展中國家的合作者，這種轉移會導致國內的生產以本國豐富的資本和技術為主，「擠出」了勞動。

綜合以上分析，由 $\frac{\partial \ \sigma}{\partial \ s_M}>0$，$\frac{\partial \ \eta_P}{\partial \ s_M}=0$ 和 $\frac{\partial \ s_L}{\partial \ s_M}<0$ 可以得出：

$$\Delta \text{substitution effect} = -(1-s_L)\frac{\partial \ \sigma}{\partial \ s_M}+\sigma\frac{\partial \ s_L}{\partial \ s_M}<0,$$

$$\Delta \text{scale effect} = -s_L\frac{\partial \ \eta_P}{\partial \ s_M}-\eta_P\frac{\partial \ s_L}{\partial \ s_M}>0 \qquad (2.3)$$

也就是說，外包可以強化替代效應並弱化規模效應並且使兩種效應相互抵消，導致外包對勞動需求彈性的總體影響的符號不能確定。

2.2.4 外商直接投資（FDI）對勞動需求彈性的作用機制

理論上，Fabbri、Slaughter 和 Heskel（2003）從「要素需求基本法則」出發，對外資企業增加勞動需求彈性的機制進行了分析：第一，增加對勞動要素的替代彈性。跨國公司融入國際化的生產網路，可以對成本衝擊包括來自工資方面的成本增加快速地做出反應，全球範圍內迅速地重新配置要素投入、調整生產鏈，增加勞動者的失業風險；第二，通過規模效應，增大產品需求彈性。外資的進入將直接加劇最終產品市場的競爭，因此導致最終產品需求彈性上升。Scheve 和 Slaughter（2004）則強調了 FDI 影響勞動力市場波動的主要渠道是通過替代效應來增大勞動需求彈性。具體來講，一個包含若干生產階段的跨國公司，可以在全球範圍內組織各階段的生產，可以直接通過國外子公司利用東道國較廉價的要素進行生產，也可以間接地使用東道國的中間投入品。因此，跨國公司的全球化生產擴大了其可以使用的要素集，這樣當受到工資提高的外部衝擊時，外商直接投資企業更容易通過要素間的相互替代來實現利潤最大化。另外，Hakkala 等（2010）對所有權性質尤其是跨國公司影響東道國勞動需求彈性的機制給出第三種解釋：外國跨國公司對東道國的社會責任感以及忠誠度都比較低，因此在與工會和政府部門博弈時，可以不顧情面地從公司利益出發與之討價還價，解雇勞動者的概率相對而言也就較大。總結來看，理論上，外商直接投資將會增加勞動需求彈性。

2.3 經濟全球化對勞動需求彈性的影響：實證檢驗

2.3.1 勞動需求函數與計量模型

檢驗經濟全球化對勞動需求彈性的影響，一般從勞動需求函數出發。大部分實證文獻引用了 Krishna 等（2001）發展的壟斷競爭模型，如 Akhter 和 Ali（2007）、Haouas 和 Yagoubi（2008）等均假設市場為壟斷競爭的，即產品市場上具有眾多的廠商，但每個廠商都具有一定的定價能力。假設生產函數為柯布—道格拉斯型，根據一階條件推導出勞動需求函數為：

$$l_{ijt} = \delta_0 + \delta_w w_{ijt} + \delta_r r_{ijt} + \delta_m m_{ijt} + \delta_f f_{ijt} \tag{2.4}$$

式（2.4）中，l、w、r、m、f 分別為勞動力需求數量、工資、資本價格、中間投入原材料價格、燃料價格的對數。

在式（2.4）的基礎上，加入經濟全球化變量 G 以及經濟全球化變量與工資的交互項，得到計量模型要估計的方程式（2.5），通過系數 η 的符號及顯著性可以判斷經濟全球化對勞動需求彈性的影響程度：

$$l_{ijt} = \delta_0 + \delta_w w_{ijt} + \delta_r r_{ijt} + \delta_m m_{ijt} + \delta_f f_{ijt} + \delta_g G + \eta(w_{ijt} \times G) + e_{ijt} \tag{2.5}$$

2.3.2 基於生產者角度的實證檢驗

大部分實證文獻利用企業層面數據，即從生產者角度來檢驗經濟全球化對勞動需求彈性的影響。Slaughter（2001）首次對這一假說進行了實證檢驗。他運用美國 1958—1991 年製造業行業層面的面板數據估計了生產性勞動力和非生產性勞動力的需求彈性，然後引入貿易開放、技術、勞動力市場制度三類解釋變量檢驗貿易開放是否增加了勞動需求彈性。他共採用了 10 個貿易開放變量（運輸成本、美國工業增加值占世界工業增加值的份額、美國企業價格變化百分比等）、3 個技術變量（TFP 的變化百分比、計算機在固定資產中的比例、計算機及其他高科技設備在固定資產中的比例）和 1 個勞動力市場制度變量（生產性勞動力參加工會的比例），得出了三個結論：第一，1960—1990 年美國行業整體以及五個細分製造業行業的生產性勞動力需求變得更富有彈性；第二，1960—1990 年美國行業整體及任何一個細分行業的非生產性勞動力需求彈性都沒有增加，且有微弱降低；第二，部分支持「貿易開放增大勞動需求彈性」這一假設，實證檢驗結果呈現混合性。為了便於梳理，下面依次從國際貿易、外包和 FDI 對勞動需求彈性的影響三個方面對實證文獻進行綜述。

2.3.2.1 國際貿易對勞動需求彈性影響的實證檢驗

Krishna 等（2001）假設市場是壟斷競爭而非完全競爭的，用土耳其的微觀企業面板數據檢驗了該假設，採用貿易開放年份虛擬變量、關稅、進口滲透率作為衡量貿易開放的代理變量，詳細考察女性勞動力、合同勞動力、加班勞動力的勞動需求彈性，結果不能證實「貿易開放提高勞動需求彈性」的假設。Bruno 等（2004）動態地估計了 7 個 OECD 國家 1970—1996 年產業層面的勞動需求彈性，並發現進口滲透率增加提高勞動需求彈性的結論只對法國成立，而其他國家的檢驗不能為此提供證據。Fajnzylber 和 Maloney（2005）利用動態面板數據模型和企業面板數據對比分析了拉丁美洲的三個發展中國家即智利、哥倫比亞和墨西哥的勞動需求彈性，通過引入貿易開放變量（開放年份虛擬變量）以及貿易開放變量與工資的交叉項，將勞動力分為白領和藍領兩類，結論也是部分支持貿易開放提高勞動需求彈性的假設。之後，Akhter 和 Ali（2007）應用固定效應模型和隨機效應模型對巴基斯坦企業面板數據的研究也不支持進口貿易提高勞動需求彈性的假設，Haouasa 和 Yagoubi（2008）對突尼斯的檢驗也同樣不支持該假設。但是 Hasan 等（2007）以及 Mitra 和 Shin（2011）的研究卻充分證實了該假說。Hasan 等（2007）利用印度各省行業面板數據進行的檢驗能夠支持「貿易開放提高勞動需求彈性」的假設，並呈現良好的穩健性；Mitra 和 Shin（2011）檢驗了韓國貿易開放對韓國製造業企業勞動需求彈性的影響，尤其是檢驗了出口增加（夥伴國關稅降低）將顯著提高勞動需求彈性。

2.3.2.2 外包對勞動需求彈性影響的實證檢驗

Bergin、Feenstra 和 Hanson（2009）選取墨西哥境內的四個產業（包括服裝製造業、交通設備製造業、計算機與通信設備製造業、電氣機械製造業）的美墨聯營工廠（Maquiladora）為試驗組，並與美國本土同等條件的對照組企業進行比較，發現從事外包生產的美墨聯營工廠的勞動需求的波動性顯著地高於美國企業，約為美國企業的兩倍。這一結論在四個產業中均呈現穩健性。

Hijzen 和 Swaim（2010）用進口的中間投入品占國內生產總值的份額作為外包活動的代理變量，考察 1980—2002 年 11 個 OECD 國家的勞動需求彈性受到外包的影響，實證結果不能提供外包短期內影響勞動需求彈性的證據，即使是充分考慮了各種敏感因素，如工資的內生性、勞動需求的動態性等，估計結果也呈現混合性。但是，Senses（2010）採用二步估計方法[①]對美國工業企業

[①] 為了檢驗外包對勞動需求彈性的影響，第一步從成本函數出發推導、估計勞動需求彈性，第二步將第一步估計出來的勞動需求彈性作為被解釋變量，對外包變量以及其他控制變量進行迴歸，考察外包變量前的係數的符號、大小及顯著性。

層面（1972—2000年）進行的實證檢驗，則證明了外包可以提高勞動需求彈性。多種穩健性檢驗，例如區分短期成本函數（假設投資不變）和長期成本函數（假設投資可變），選用進口滲透率、運輸成本、加權平均進口關稅率等變量作為外包的代理變量、考慮企業的退出與可持續性以及生產技術的變動因素等，都證明這一結論具有良好的穩健性。

2.3.2.3 FDI對勞動需求彈性影響的實證檢驗

Fabbri、Slaughter和Heskel（2003）比較了國內企業與外國公司破產的概率，證明外國公司關門的概率更大，因此證明跨國公司相比於國內企業來說，勞動需求彈性更大。Görg等（2009）對愛爾蘭的外商投資企業與本土企業的實證檢驗表明外資企業的勞動需求彈性更大，儘管兩者的差距會隨著外國企業逐漸與本土企業建立緊密的后向關聯（Backward Linkage）而逐漸縮小。

與之相反，Navaretti等（2003）、Hakkala等（2010）、Buch和Lipponer（2010）的研究卻沒有提供足夠的證據證實這一假設。Navaretti等（2003）只證明了短期內跨國公司對外生衝擊的反應更快，很快調整勞動投入量，因此短期內勞動需求彈性比國內公司大，但是從長期來看，跨國公司的勞動需求彈性與國內公司沒有顯著差異，原因在於跨國公司通常具有較高的技術水平和公司特定的人力資本，高技術人力比重較高，會使得公司所有勞動者的平均勞動需求彈性下降，最終與國內企業的平均水平沒有顯著的差別。Hakkala等（2010）利用系統GMM方法（System GMM Method）對瑞典1990—2002年企業面板數據的考察，沒有發現企業所有制能夠顯著影響勞動需求彈性，即內資與外資企業的勞動需求彈性之間不存在顯著的差異，卻發現是否從事跨國經營能夠顯著影響勞動需求彈性，從事跨國經營的企業的勞動需求彈性為-0.45，而非跨國企業的勞動需求彈性為-0.3。產生這種差異的主要來源是跨國企業中中等技術水平[1]工人的勞動需求彈性較本土經營的企業要大得多，而不是來源於跨國企業與本土經營的企業內存在著不同的勞動力構成。另外該研究還檢驗了所有制轉換即併購（而不是所有制本身）對勞動需求彈性的影響。類似地，他們發現企業所有制的轉換不能顯著影響勞動需求彈性，但是非跨國企業被國內的跨國企業併購時，被併購企業的中等技術水平工人的勞動需求彈性顯著地增加，而高等與低等技術水平工人的勞動需求彈性都沒有發生顯著改變。Buch和Lipponer（2010）比較了跨國公司與本土公司勞動需求彈性（同時考慮了勞

---

[1] 按照Hakkala等（2010）的界定，低等技術水平的工人是指最多只接受過9年初級教育的勞動者，中等技術水平的工人是指接受過1~2年高中教育的勞動者，高等技術水平的工人是指至少接受過3年高等教育（包括專科教育）的勞動者。

動的工資彈性和產出彈性兩種彈性）的差異，主要的創新性工作在於將企業按照所有權性質細分為五類：一是純粹的國內企業（既無外國母公司又無外國子公司），二是從事出口的國內企業，三是擁有外國子公司的國內企業，四是在本土營業的外國企業，五是在本土營業的外國企業，同時該企業又在國外擁有子公司。他們利用德國企業層面的數據對五類企業樣本分別運用系統廣義矩陣估計進行檢驗，比較每組估計出的勞動需求彈性的數值，結論是不能支持外資企業比本土企業勞動需求彈性更大的假說。接下來該研究還進行了多種穩健性檢驗，包括考慮出口行為、考慮企業規模差異、區分製造業與服務業、控制跨國公司多元化的投資國別因素，結果均不能證明融入全球一體化的跨國公司在面臨外生的工資衝擊時勞動需求的變動更大。

2.3.3 基於勞動者角度的實證檢驗

此外，有學者另闢蹊徑基於發達國家勞動個體微觀數據而非企業層面數據對「經濟全球化增加勞動需求彈性與就業風險」這一假說進行實證檢驗。例如 Scheve 和 Slaughter（2004）對英國 1991—1999 年工人個體面板數據檢驗了對外開放中外資的出現對工作安全性和穩定性的影響，工作的安全性變量為一個取值從 1~7 的離散變量，分別表示勞動者對工作滿意程度從「完全滿意」（Completely Satisfied）到「完全不滿意」（Not Satisfied At All）；選擇兩類外資變量：一是二位碼產業層面上的外資虛擬變量，二是產業層面上的外資產值份額。結果證實全球一體化的推進（外商投資的出現以及外商投資規模的增加）是引起勞動者工作不安全感增加的重要因素，並且這一結論具有穩健性。Geishecker（2008）應用 1991—2000 年德國工人月度面板數據證實了狹義上的外包能夠增加從業者的就業風險，且這種影響的大小會隨著合同期限的長短而不同，但不會因勞動者技能層次的高低而呈現顯著差異。Krishna 和 Senses（2009）利用美國收入與培訓調查數據（Survey of Income and Program Participation，簡稱 SIPP）1993—1995 年、1996—1999 年和 2001—2003 年三個個體層面面板數據（調查頻率為八個月一次）驗證貿易開放與收入風險和波動兩者之間的關聯，以進口滲透率來度量貿易開放，不論是全樣本迴歸還是四個子樣本迴歸，估計結果均顯示進口滲透率的提高將對收入風險產生顯著為正的影響，即貿易開放的深入發展將增加勞動者的就業及收入波動風險。以上三個利用勞動者層面數據的研究均提供了充足的證據，證實了「經濟全球化提高勞動需求彈性、增大就業風險」的理論假設。

2.3.4　對中國的實證檢驗

經濟全球化對中國勞動力市場的影響已引起國內眾多學者的研究興趣,但大部分集中於對水平變量如就業(俞會新、薛敬孝,2002;胡潔、陳彥煌,2011)、工資收入(張茵、萬廣華,2006)、非熟練勞動力與熟練勞動力之間工資差距(潘士遠,2007;Li 和 Coxhead,2011)、勞動要素市場扭曲(盛譽,2005)等的影響方面,對勞動力彈性變量的關注並不多。周博(2002)估計了1993—2000年中國21個產業部門的勞動需求工資彈性,方明月等(2010)利用中國工業企業數據庫估計了就業的短期與長期產出彈性,並比較了不同所有制的企業該彈性呈現出的差異,發現民營企業的勞動產出彈性要高於國有企業。

對經濟全球化與勞動需求彈性兩者關係做出創新性研究的是南開大學的周申等(2006,2007,2010)以及盛斌和牛蕊(2009)。周申(2006)首次對中國的對外開放與勞動需求彈性進行了檢驗,考察了1993—2002年中國34個工業部門的面板數據,研究結論證實了 Rodrik(1997)提出的假設,即中國的貿易開放能夠在統計意義上和經濟意義上顯著地提高勞動需求彈性,且主要通過替代效應機制發揮作用;周申(2010)進一步檢驗了外商直接投資和外包對勞動需求彈性的作用,同樣發現兩者都能顯著地提高勞動需求彈性,給中國製造業部門勞動者帶來較大的壓力和風險;盛斌和牛蕊(2009)利用固定效應模型和中國產業層面的面板數據進行實證檢驗,發現進口貿易能夠顯著提高勞動需求彈性,而出口貿易和匯率則會降低勞動需求彈性,三者的淨效應是降低勞動需求彈性和就業風險,該結論在考慮產業技術水平、勞動力受教育水平以及區域差異時仍然具有穩健性。上述研究所運用的數據均為中國行業面板數據,而行業數據相對於企業層面數據只是次優的(Slaughter,2001);另外,模型對潛在的內生性問題和異質性問題沒有給予充分的關注,也缺乏必要的穩健性檢驗。近20年來,中國致力於推進貿易開放進程,中國的對外開放為研究這一課題提供了一個很好的自然實驗,中國微觀企業數據庫建設的不斷完善也為該領域的深入研究提供了有利條件,因此未來對中國的實證研究仍有很大的拓展空間。

總結以上檢驗國際貿易、外包、外商直接投資對勞動需求彈性與就業風險的文獻,無論是基於生產者角度還是基於勞動者角度,都可以看到,「經濟全球化增加勞動需求彈性與就業風險」的理論假設目前還沒有被充分證實,尚沒有得出統一、確切的結論。我們認為,現有文獻結論不一的原因可能是「貿易開放提高勞動力需求彈性」的假設是「依狀況」(State-dependent)的,即有必要細分企業類型、勞動者類型,控制企業、勞動者的異質性變量,檢驗

可能存在的非線性效應。

2.4 經濟全球化、勞動需求彈性與勞動力市場制度

勞動力市場制度變量衡量政府保護就業市場程度的高低。經濟全球化對勞動需求彈性的影響可能會因勞動力市場制度的差異而呈現異質性。如 Cunat 和 Melitz（2007）所分析的，當企業層面的擾動出現時①，在勞動力市場制度寬鬆的國家裡，生產要素可以迅速地在同一產業內的不同企業間重新分配，導致勞動力市場相對劇烈地波動，但也會帶來行業平均生產率的提高以及比較優勢的形成，進而得出結論：勞動力市場制度寬鬆程度應與出口行業的波動風險正相關，預示著勞動力市場制度與經濟全球化過程中的就業風險存在著一定程度的正向關聯。

目前只有少量的實證文獻將勞動力市場制度因素納入計量模型，此類文獻中的大部分都驗證了寬鬆的勞動力市場制度會加劇經濟全球化對勞動需求彈性的負面影響，建立適當的勞動者保護制度將能夠減輕勞動者所面臨的就業風險，維護就業市場的穩定。例如，Hasan 等（2007）對勞動力市場制度、貿易開放與勞動需求彈性三者的關係進行了實證檢驗。文中借鑑 Besley 和 Burgess（2002）的研究方法，將印度 15 個省劃分為「勞動規制嚴格」和「勞動規制寬鬆」兩類，依據為 1958—1992 年期間印度各省對《勞動爭議法》（Industrial Disputes Act）的修改內容及程度，同時綜合世界銀行發布的評估印度各省投資環境的報告，設置最終的衡量勞動力市場制度嚴格與否的虛擬變量。他們發現貿易開放與勞動需求彈性的關係因勞動力市場制度變量而呈現為非線性關係，即在勞動力市場規制比較寬鬆的省，貿易開放提高勞動需求彈性的結論更加穩健，估計係數也更為顯著；而勞動力市場規制嚴格的省，貿易開放對勞動需求彈性的影響要小得多。Hijzen 和 Swaim（2010）也得出了相同的結論。他們比較了在勞動規制（Employment Protection Legislation，簡稱 EPL）較嚴格與勞動規制較寬鬆的國家裡，外包對勞動需求彈性的差異有何不同。他們在理論上論證了勞動規制越嚴格，經濟全球化對勞動需求彈性的影響越小；寬鬆的勞動規制會強化經濟全球化對勞動需求彈性的影響。原因是，以外包為例，在勞動力市場規制較嚴格的國家，企業對勞動要素的配置權受到限制，導致企業調整國內生產與外包生產比例的靈活性降

---

① 文獻中假設世界上有兩個國家，分別具有「嚴格」和「寬鬆」的勞動力市場制度。企業層面的擾動出現之前，不同制度下的勞動力市場的差異是不相關的，因此這兩個國家之間沒有比較優勢的分化，也沒有貿易發生。

低，增加了外包生產投入成本收回的難度與風險①，進而外包活動減少。這直接產生兩個后果：一是阻礙了外包對勞動力替代效應的發揮，二是在削弱替代效應變動的同時，強化了規模效應在總效應中的重要性。② 接下來他們對具有不同的勞動力市場制度的 11 個 OECD 國家進行實證考察，估計結果充分支持了這一論證。Hijzen 和 Swaim（2010）發現，在勞動規制越弱的國家，替代效應占總效應的比重越大，勞動需求彈性越大（勞動規制較弱的國家勞動需求彈性系數介於 −0.55~−0.64 之間，而勞動規制較強的國家勞動需求彈性系數介於 −0.35~−0.50 之間），外包生產比重越高；外包對勞動需求彈性的影響（工資與外包交互項系數）對於具有嚴格的勞動力市場規制的國家不顯著，但是對於勞動力市場規制較弱的國家，該系數顯著為負，說明嚴格的勞動力市場制度可以抵禦經濟全球化給勞動者帶來的就業風險。

但也有實證分析得出了不同的結論。Navaretti 等（2003）考慮了勞動力市場制度因素對勞動需求彈性的影響，計算了外商投資企業與本國企業的相對勞動需求彈性與國家層面的勞動力市場規制變量（大學學歷人口比重③、OECD 勞動規制嚴格性指標、參加工會人數比重等共 7 個變量）的相關係數，發現這些相關係數均為正值，意味著勞動力市場規制越嚴格的國家，跨國公司的勞動需求彈性相較於國內企業越大，說明外商投資企業可以繞過束道國的勞動力市場規制，雇傭與解聘勞動者比起國內企業更容易。

2.5 簡評

綜上所述，勞動需求彈性事關勞動力市場穩定與就業風險，研究經濟全球化對勞動需求彈性的影響具有普遍、廣泛的意義。理論上，經濟全球化主要通過替代效應和規模效應影響勞動需求彈性，勞動力市場制度是影響兩種機制發揮的重要因素。但是對於兩者關係的實證檢驗，目前卻沒有得出確切的結論。部分文獻驗證了兩者之間存在正相關關係，而部分文獻則驗證了兩者之間存在

---

① Senses（2010）對此也有相似的論述。他認為，具有生產技術靈活多變特徵的產業往往更多地進行外包。對新技術的投資通常會通過增強工人與高科技產品如計算機等的替代和降低勞動者在總成本中的份額兩種渠道來增大勞動需求彈性。

② 根據前述分析，外包對勞動需求彈性的影響 Δsubstitution effect<0, Δscale effect>0。勞動規制嚴格會弱化 Δsubstitution effect，強化 Δscale effect。也就是說，嚴格的勞動規制會阻礙外包增大勞動需求彈性這種影響的發揮，即勞動規制越嚴格的國家或產業，外包對勞動需求彈性的影響越小。

③ 高學歷人才比重越高，公司雇傭熟練勞動力的成本以及解雇成本越低。

負相關關係，還有的文獻認為兩者之間的關係不顯著。我們分析其可能的原因，一方面是各文獻使用的數據、檢驗模型、控制變量、計量方法存在差異，致使實證結論有所不同；但另一方面，而且也是更值得仔細論證的是，各種異質性因素的存在有可能造成經濟全球化與勞動需求彈性的關係呈現出「依狀況」而定的特徵。基於此，我們認為未來對於兩者關係的研究應在以下方面尋求突破：一是基於異質性與非線性關係的研究；二是利用微觀企業數據進行檢驗更加有效；三是對中國近似於自然實驗的經濟全球化進程的研究將能夠豐富現有文獻體系。

因此，我們認為未來關於經濟全球化對勞動需求彈性及就業風險影響的研究，應從以下幾個方向進一步深入：

2.5.1 基於異質性與非線性關係的研究

對影響兩者關係的其他重要因素的識別將是未來的一個重要研究方向。國家層面、產業層面、企業層面、勞動者層面的異質性都可能會導致兩者關係呈現非線性，這也是造成實證結論不一致的可能的原因之一。檢驗在何種條件下兩者關係為正、何種條件下兩者關係為負，將更具有現實意義和政策啟示意義。

2.5.2 基於微觀企業數據的研究更加有效

檢驗經濟全球化對勞動需求彈性的影響，首先需要設定勞動需求函數，並假設勞動供給完全彈性，如果用行業數據來估計勞動需求彈性會產生內生性問題，Hamermesh（1986a，1986b）、Hijzen 和 Swaim（2010）、Senses（2010）對此均有詳細論述。但是微觀企業數據能夠基本上滿足勞動供給無限彈性的前提假設，即要素假設可看成是外生的，因此基於微觀數據的驗證更加有效，利用微觀數據檢驗經濟全球化與勞動需求彈性的關係也逐漸成為主流。

2.5.3 基於中國全球化特徵事實的實證研究

應用中國數據的實證研究具有較大的前景和潛力，有助於豐富現有的文獻體系。一方面，中國的對外開放，尤其是以加入 WTO 為里程碑事件的貿易開放進程為研究兩者關係提供了很好的自然實驗；另一方面，重要的一點是，中國高質量微觀企業數據的可獲得性為開展有效的實證檢驗提供了比較可信的數據來源，有助於深入企業微觀層面檢驗經濟全球化對勞動需求彈性的作用機制。

表 2.1 為經濟全球化與勞動需求彈性關係的實證文獻總結。

表 2.1 經濟全球化與勞動需求彈性關係的實證文獻總結

文獻作者	樣本國家	樣本數據	計量方法	全球化變量	研究特點	研究結論
Slaughter (2001)	美國	1960—1990 年行業面板數據	固定效應模型	運輸成本、美國工業增加值占世界比重、美國企業產品價格變化百分比等共 10 個變量	區分貿易與生產性勞動力、非生產性勞動力並控制了勞動力市場制度變量	貿易提高生產性勞動力需求彈性，而對非生產性勞動力需求彈性沒有顯著影響
Krishma 等 (2001)	土耳其	1983—1986 年工廠面板數據	固定效應模型、隨機效應模型	開放年份虛擬變量	區分了勞動者異質性，如性別、合同工人、加班工人等	貿易開放不能顯著改變勞動需求彈性
Navaretti 等 (2003)	11 個歐盟國家	1993—2000 年企業非平衡面板數據	GMM	外資企業虛擬變量	考慮了外資企業與國內企業面臨的工資調整速度的差異；考慮勞動力市場制度因素	外資企業需求彈性的長期小於國內企業；勞動力市場規制不能影響跨國公司的勞動需求彈性
Fabbri, Slaughter 和 Heskel (2003)	美國、英國	1958—1986 年產業層面板數據	固定效應模型	是否爲外資企業虛擬變量	區分生產性勞動力與非生產性勞動力	外資企業中的勞動者就業風險更大
Bruno 等 (2004)	OECD 國家	1970—1997 年行業面板數據	LSDV、GMM、CLSDV	行業進出口總額占增加值比重；進口占增加值比重；外資公司銷售額占增加值比重	比較了不同國家及不同產業部門勞動需求彈性受到開放的不同影響	除法國外，開放對其他 OECD 國家勞動需求彈性的影響均不顯著

表2.1（續1）

文獻作者	樣本國家	樣本數據	計量方法	全球化變量	研究特點	研究結論
Scheve 和 Slaughter（2004）	英國	1991—1999年勞動者層面板數據	固定效應模型、隨機效應模型、GMM	產業層面FDI虛擬變量，流入與流出FDI總額占總產值的比重，流入FDI占比	從勞動者角度設置了一個刻畫勞動者安全感的離散變量	FDI增加勞動者工作不安全感
Fajnzylber 和 Maloney（2005）	智利、哥倫比亞、墨西哥	企業面板數據	GMM,固定效應模型、隨機效應模型	關稅率、非關稅壁壘、進口滲透率、實際匯率	區分藍領與白領工人；比較了三個發展中國家的差異	不能提供充足的證據證明貿易開放提高勞動需求彈性
Akhter 和 Ali（2007）	巴基斯坦	企業面板數據	固定效應模型、隨機效應模型	開放年份虛擬變量、進口關稅率	考慮了生產性勞動力與非生產性勞動力的差異	貿易自由化不影響勞動需求彈性
Hasan 等（2007）	印度	1980—1997年行業面板數據	OLS、2SLS、GMM-IV	開放年份虛擬變量、進口關稅率、非關稅壁壘	考慮了不同區域具有不同程度的勞動力市場規制	貿易開放提高勞動需求彈性；勞動力市場規制較寬鬆的區域勞動需求彈性提高更多
Haouas 和 Yagoubi（2008）	突尼斯	1971—1996年	固定效應模型、OLS	開放年份虛擬變量	區分勞動者類型：合同工與正式工	不能充分支持貿易開放增加勞動需求彈性的假設

表 2.1(續 2)

文獻作者	樣本國家	樣本數據	計量方法	全球化變量	研究特點	研究結論
Geishecker (2008)	德國	1991—2000年勞動者層面月度面板數據	風險率模型	狹義的外包與廣義的外包①	考慮合同期限的長短以及技術層次的差異	狹義的外包增加了勞動需求彈性,且不同技術層次的不同而呈現差異
Görg等 (2009)	愛爾蘭	1983—1998年企業層面面板數據	System GMM	是否為外資企業虛擬變量	考慮了外資企業與東道國企業的后向聯系	外資企業的勞動需求彈性大於國內企業,后向聯系有利於降低勞動需求彈性
Krishna和 Senses (2009)	美國	1993—1995年、1996—1999年、2001—2003年勞動者層面面板數據	OLS、WLS	進口滲透率	考慮了勞動者的異質性加工作轉換類型,所在產業部門等	貿易顯著增加了勞動者的收入風險
Senses (2010)	美國	1972—2001年工廠層面面板數據	固定效應模型	外包比重,進口滲透率,進口平均關稅率,運輸成本,從低收入國家進口所占比重	考慮了技能偏向型的技術進步(Skill-Biased Technical Change)因素	外包增加勞動需求彈性并且呈現穩健性
Hijzen和 Swaim (2010)	11個OECD國家	1980—2002年產業層面面板數據	固定效應模型、差分 GMM	外包變量(進口的中間投入品占國內產值的比重)	考慮了國家間勞動力市場規制的差異因素	不支持外包增加勞動需求彈性的假設

① 根據 Feenstra 和 Hanson(1996)和 Feenstra 和 Hanson(1999),狹義的外包計算公式是指某一產業進口的國外同一產業中間投入品占該產業產值的比重;廣義的外包計算公式為某一產業進口的國外中間投入品(不論是來自同一產業部門還是不同的產業部門)除以該產業的產值。

表2.1（续3）

文献作者	样本国家	样本数据	计量方法	全球化变量	研究特点	研究结论
Hakkala等（2010）	瑞典	1990—2002年企业及工厂面板数据	系统GMM	所有制性质虚拟变量，是否为跨国公司虚拟变量，所有权变更虚拟变量	区分并购效应，所有制效应与是否为跨国公司；区分不同技术层次的劳动者	企业所有制不能显著影响劳动需求弹性；但是否是跨国经营能够显著改变劳动需求弹性
Buch和Lipponer（2010）	德国	企业层面面板数据	系统GMM	外资企业或跨国企业虚拟变量	区分不同的跨国公司类型以及区分制造业和服务业	跨国企业的波动性与本土企业不存在显著差异
Mitra和Shin（2011）	韩国	2003年、2004年、2005年、2007年、2008年企业面板数据	固定效应模型	本国与伙伴国MFN关税率，行业进口渗透率，企业出口比重	检验了贸易伙伴国关税削减对本国劳动需求弹性的影响	进出口贸易增强了劳动需求弹性，尤其是中国的关税削减
周申（2006）	中国	1993—2002年行业面板数据	混合最小二乘法	进口渗透率，开放年份虚拟变量	计算替代效应与规模效应	贸易增加劳动需求弹性，主要渠道为替代效应
盛斌和牛蕊（2009）	中国	行业面板数据	固定效应模型	进口渗透率，出口比例，实际有效汇率	考虑了行业技术水平，区域差异及劳动力教育水平的差异	进口提高劳动需求弹性，而出口降低劳动需求变动弹性
周申，等（2010）	中国	1997—2006年行业面板数据	混合最小二乘法	外资企业总资产比重，外包指数	首次检验中国FDI和外包对劳动需求弹性的影响	FDI流入和外包都能显著提高劳动需求弹性

注：LSDV指虚拟变量最小二乘法；GMM为广义矩阵估计方法；CLSDV指纠正的虚拟变量最小二乘法（Keviet, 1995）。

3 中國的貿易開放進程：特徵事實分析

1978年以來的對外開放，讓中國從封閉經濟（Autarky Economy）轉向開放經濟（Open Economy），尤其是2001年加入WTO後，貿易開放進程進一步加快，因此基於中國微觀數據的分析將能夠為貿易開放與勞動需求彈性的關係研究提供有效的實證檢驗。為衡量中國的貿易開放程度，本書從以下幾個方面進行考察。

3.1 貿易開放現象之一：關稅水平下降

關稅壁壘是最直觀的國際貿易限制措施，貿易開放的基本路徑之一就是削減關稅。改革開放之後，中國就開始了貿易開放進程。為申請加入WTO，1995年宣布建立一個有中國特色、與國際貿易制度接軌的自由貿易制度（吳儀，1995）；1996年一次性降低了4,997個稅號商品的進口稅率，進口平均關稅率從35.9%降到23%，同時取消176種商品的進口配額，削減配額商品約30%（張曙光等，1996）。之后最大的一次調整是2001年加入WTO前，平均關稅率由16.4%降至15.3%（余淼杰，2010）。

該部分計算1998—2007年的二位碼產業層面（按照國家統計局編製的《國民經濟行業分類GB/T 4754—2003》劃分）的簡單平均關稅率（Simple-average Tariff Rate 或 Unweighted-average Tariff Rate）和加權平均關稅率（Weighted-average Tariff Rate）。

3.1.1 簡單平均關稅率

簡單平均關稅率即沒有考慮進口商品額在總進口中比重而計算的平均關稅。其計算公式為：

$$\text{SimTariff}_j = \frac{1}{K} \sum_k \text{Tariff}_{jk} \tag{3.1}$$

要計算某一個二位碼行業 j 的簡單平均關稅率，就是對該行業 j 內的 K 個所有《商品名稱及編碼協調制度的國際公約》（簡稱協調制度，Harmonized System，以下簡寫為 HS）四位碼的產品對應的關稅率 Tariff_{jk} 求算數平均數。

3.1.2 加權平均關稅率

加權平均關稅率是指每種商品的關稅稅率都以該商品在總進口額中所占比重為權數進行加權計算。計算某一個二位碼行業 j 加權平均關稅率的公式為：

$$\text{WeightedTariff}_j = \sum_k \frac{\text{Import}_{jk}}{\text{Import}_j} \times \text{Tariff}_{jk} \tag{3.2}$$

計算關稅率時需要解決的一個問題是如何確定國民經濟產業分類與 HS 編碼的對應關係，本書參考盛斌（2002）整理的對應表，並對照余森杰（2008）的成果對某些行業進行調整（見表 3.1），共計 35 個工業部門[①]。

表 3.1　　　　中國工業行業分類與 HS 編碼對應表

行業名稱（編碼）	HS 編碼
煤炭開採和洗選業（6）	27.01~27.03
石油和天然氣開採業（7）	27.09、27.11、27.14
黑色金屬礦採選業（8）	26.01、26.02、26.10
有色金屬礦採選業（9）	26.03~26.09、26.11~26.17、26.20
非金屬礦採選業（10）	第 25 章（不包括 25.01）
農副食品加工業（13）	第 2 章、03.03~03.06、04.01、04.07、04.09~04.10、07.10~07.14、08.11~08.12、08.14、第 11 章、第 15 章、17.01、第 18 章、第 20 章、23.01~23.02
食品製造業（14）	04.02~04.06、04.08、16.01、16.03、17.02~17.04、第 19 章、第 21 章、22.09、23.03~23.09、25.01

---

① 在數據統計區間內，國民經濟產業分類與代碼標準在 2003 年進行了修訂，二位碼產業分類也發生了變化。本書進行了以下處理：2003 年之前的「普通機械製造業（35）」對應於 2003 年之後的「通用設備製造業（35）」；2003 年之前《中國統計年鑑》中沒有報告「工藝品及其他製造業（42）」與「廢舊資源和廢舊材料回收加工業（43）」的產出值（即工業總產值），因此這兩個行業無法計算進口滲透率，因此將這兩個行業刪除；「水的生產和供應業（46）」沒有對應的貿易進口額，因此也刪除。

表3.1(續1)

行業名稱（編碼）	HS 編碼
飲料製造業（15）	09.01，09.02，第22章（不包括22.09）
菸草製造業（16）	24.02~24.03
紡織業（17）	第50~53章、第56~61章、第63章
服裝、鞋、帽製造業（18）	第62章、第65章
皮革、毛皮、羽毛（絨）及其製品業（19）	第41章（不包括41.01~41.03）、第42~43章（不包括43.01）、第64章、第67章（不包括67.02）、94.04
木材加工及木、竹、藤、棕、草製品業（20）	第44~46章
家具製造業（21）	94.01~94.03
造紙及紙製品業（22）	第47~48章（不包括48.20）
印刷業和記錄媒介的複製（23）	第49章
文教體育用品製造業（24）	48.20，第92章，第95章
石油加工、煉焦及核燃料加工業（25）	27.04，27.06~27.08，27.10，27.12~27.13，27.15
化學原料及化學製品製造業（26）	15.18，15.20，第28~29章、第31~38章，39.01~39.14
醫藥製造業（27）	第30章
化學纖維製造業（28）	第54~55章
橡膠製品業（29）	第40章
塑料製品業（30）	39.15~39.26
非金屬礦物製品業（31）	第68~70章，90.03~90.04
黑色金屬冶煉及壓延加工業（32）	26.18~26.19，第72章，81.11
有色金屬冶煉及壓延加工業（33）	74.01~74.10，75.01~75.06，76.01~76.07，78.01~78.04，79.01~79.05，80.01~80.05，第81章（不包括81.11）
金屬製品業（34）	66.01，第73章，74.11~74.19，75.07~75.08，第82~83章，76.08~76.16，78.05~78.06，79.06~79.07，80.06~80.07，94.06

表3.1(續2)

行業名稱（編碼）	HS 編碼
通用設備製造業（35）	84.01~84.14，84.16，84.18~84.20，84.52，84.56~84.68，84.80~84.85
專用設備製造業（36）	84.17，84.21~84.22，84.24~84.49，84.51，84.53~84.55，84.74~84.79，90.18~90.22
交通運輸設備製造業（37）	第86~89章
電氣機械及器材製造業（39）	84.15，84.50，85.01~85.16，85.30~85.39，85.44~85.48，94.05
通信設備、計算機及其他電子設備製造業（40）	84.70~84.71，85.17~85.29，85.40~85.43
儀器儀表及文化、辦公用機械製造業（41）	84.23，84.69，84.72~84.73，90.01~90.02，90.05~90.17，90.23~90.33，第91章
工藝品及其他製造業（42）	第96~97章
廢棄資源和廢舊材料回收加工業（43）	
電力、熱力的生產和供應業（44）	27.16
燃氣生產和供應業（45）	27.05
水的生產和供應業（46）	

［資料來源］在盛斌（2002）相關資料基礎上修改而成，將盛斌（2002）中的食品加工和製造業拆分為農副食品加工業和食品製造業兩個部門，並增加了工藝品及其他製造業，廢棄資源和廢舊材料回收加工業，電力、熱力的生產和供應業，燃氣生產和供應業，水的生產和供應業五個部門。同時根據余森杰（2008）給出的對應表進行了調整。

　　利用世界銀行維護的 WITS（World Integrated Trade Solution）數據庫，計算 1998—2007 年中國簡單平均關稅率和加權平均關稅率如圖 3.1 所示。可以清晰地看到，在 2001—2002 年，中國為兌現加入 WTO 的承諾，關稅削減幅度很大，簡單平均關稅率由 1998 年的 17.46% 下降到 2002 年的 12.36%，加權平均關稅率由 1998 年的 15.57% 下降到 2002 年的 7.54%，2007 年為 4.47%。

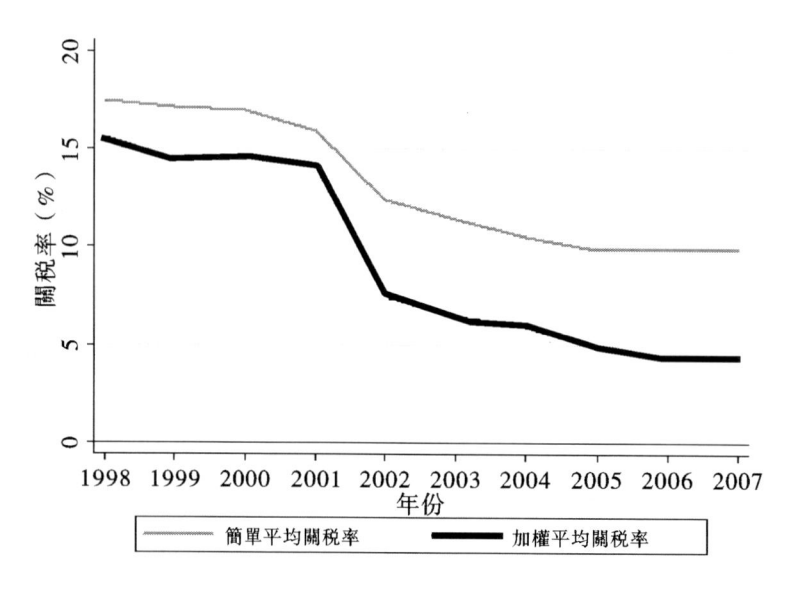

圖 3.1　1998—2007 年中國關稅削減進程

　　分部門來看，圖 3.2（a）、圖 3.2（b）、圖 3.2（c）、圖 3.2（d）分別給出了 1998—2007 年 10 年間 35 個部門的簡單平均關稅率和加權平均關稅率的變化過程。可以看到，關稅削減幅度比較大的部門有：飲料製造業（15），服裝、鞋、帽製造業（18），家具製造業（21），文教體育用品製造業（24），化學纖維製造業（28），塑料製品業（30）和通信設備、計算機及其他電子設備製造業（40）等。而煤炭開採和洗選業（6），石油和天然氣開採業（7），黑色金屬礦採選業（8），有色金屬礦採選業（9），木材加工及木、竹、藤、棕、草製品業（20）等部門一直維持在一個較低的關稅率水平；菸草製造業（16）和非金屬礦物製品業（31）的進口關稅率則一直處於較高的水平上。

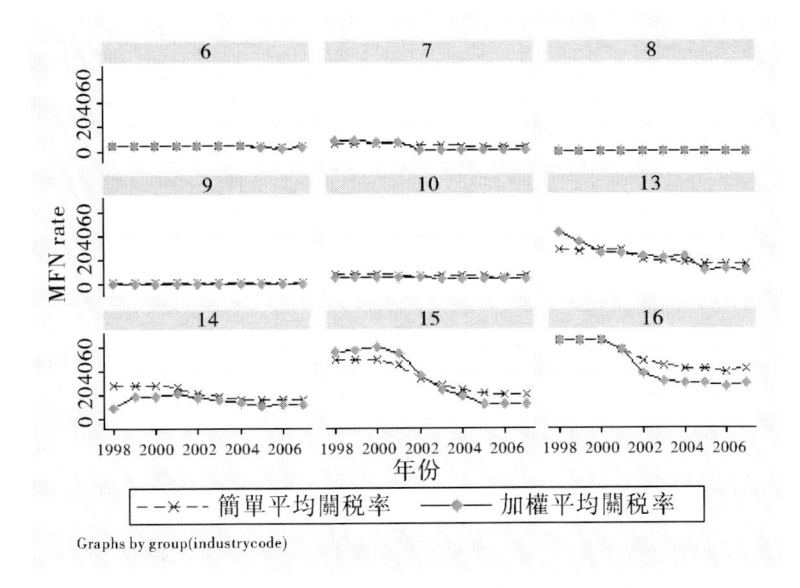

註：每個圖上方標註數字為產業代碼，后同。

圖3.2（a） 1998—2007年中國二位碼產業層面關稅削減變動（6~16）

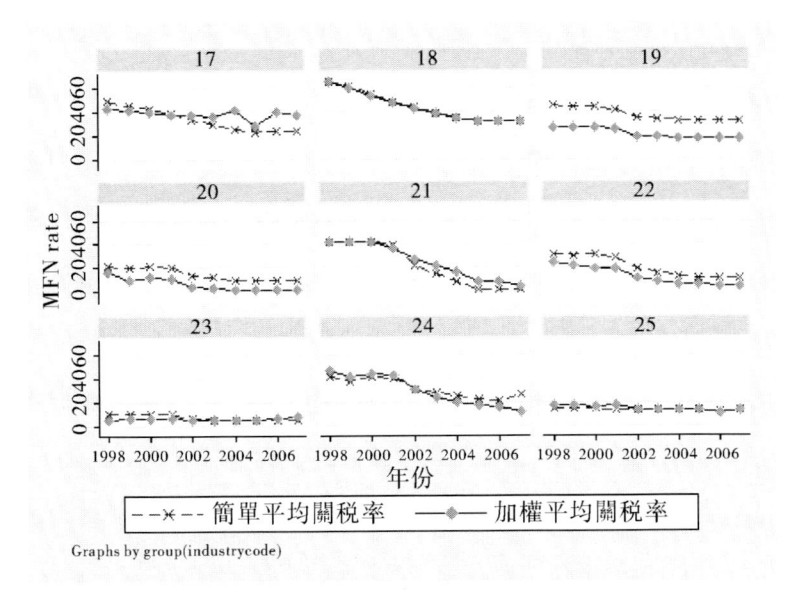

圖3.2（b） 1998—2007年中國二位碼產業層面關稅削減變動（17~25）

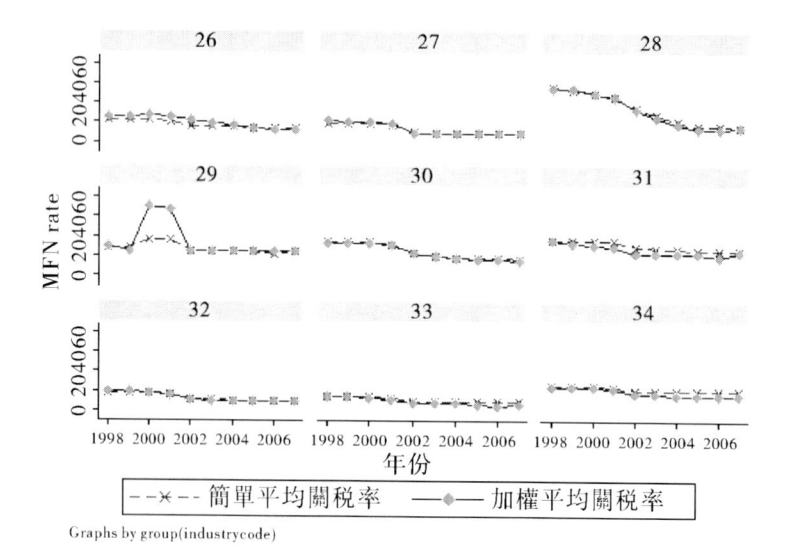

圖 3.2（c）　1998—2007 年中國二位碼產業層面關稅削減變動（26~34）

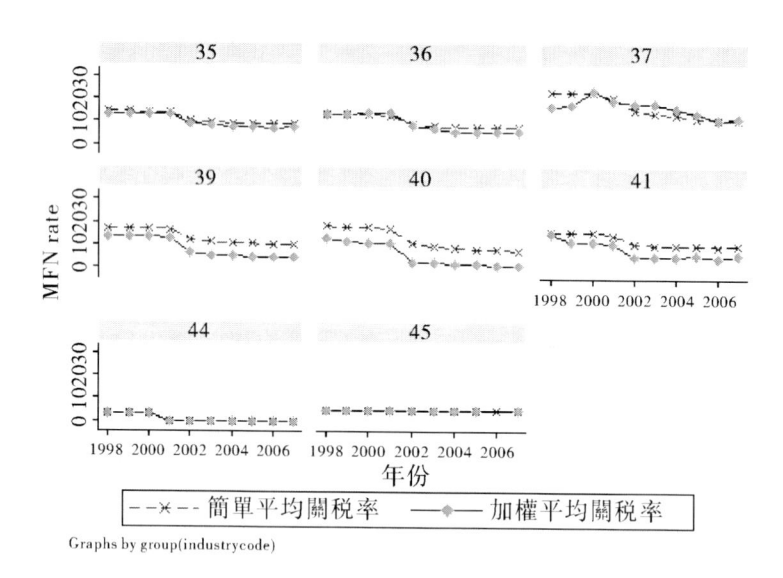

圖 3.2（d）　1998—2007 年中國二位碼產業層面關稅削減變動（35~45）

3.2　貿易開放現象之二：行業進口滲透率上升

單一的關稅率指標並不能真實地反應國際貿易限制的水平，因為對外開放過程中不但包括關稅的削減，還包括進口非關稅壁壘的消除。與某行業平均關稅率相比，行業進口滲透率（Import Penetration）是一個較為理想的指標，是關稅壁壘以及非關稅壁壘共同作用的結果，因此能夠更好地刻畫該行業貿易開放的程度。行業進口滲透率的變化不但會影響出口企業的行為，也會通過行業的溢出效應等機制影響非出口企業的行為。

行業進口滲透率的計算公式為行業的進口額除以該行業的總產出，即：

$$\mathrm{IMP}_{jt} = \frac{\mathrm{import\_value}_{jt}}{\mathrm{output}_{jt}} \qquad (3.3)$$

式（3.3）中，IMP_{jt} 為產業 j 在 t 年份的進口滲透率，$\mathrm{import\_value}_{jt}$ 為產業 j 在 t 年份的進口總額，output_{jt} 為產業 j 在 t 年份的總產出。

數據方面，各行業年度進口額由聯合國維護的 COMTRADE 數據庫提供的 HS 四位碼水平上的進口額加總而來，同樣需要將 HS 四位碼產品上的進口額對應加總至工業行業二位碼，美元與人民幣的匯率換算根據國家統計局提供的人民幣匯率年平均價進行，各產業的產出數據來自各年度《中國統計年鑒》。圖 3.3（a）、圖 3.3（b）、圖 3.3（c）以及圖 3.3（d）描繪了 1998—2007 年二位碼產業水平上的進口滲透率的變動（行業編碼對應的行業名稱見表 3.1）。

可以看到，在中國不斷削減關稅的過程中，行業進口滲透率增長較多的行業包括：石油和天然氣開採業（7），黑色金屬礦採選業（8），橡膠製品業（29），儀器儀表及文化、辦公用機械製造業（41），下降幅度較大的行業有木材加工及木、竹、藤、棕、草製品業（20），造紙及紙製品業（22）和化學纖維製造業（28）；另外，煤炭開採和洗選業（6），飲料製造業（15），菸草製造業（16），服裝、鞋、帽製造業（18），電力、熱力的生產和供應業（44），燃氣生產和供應業（45）等部門的進口滲透率比較小。總體來看，這些在加入 WTO 后行業進口滲透率下降的行業或本身進口滲透率比較小的行業一般是我國具有比較優勢的資源密集型或者勞動密集型產業或者存在非貿易品（或存在自然壟斷）的部門，導致進口額佔該部門總產出的比重很小，對國際市場的依賴程度比較低。表 3.2 給出了各個行業 1998—2007 年進口滲透率的平均值。

图 3.3（a） 1998—2007 年中国行业进口渗透率变动（6~16）

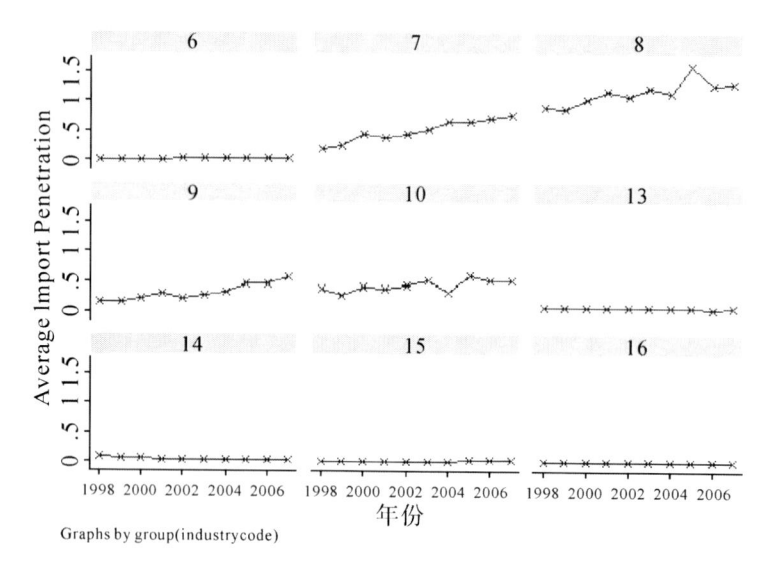

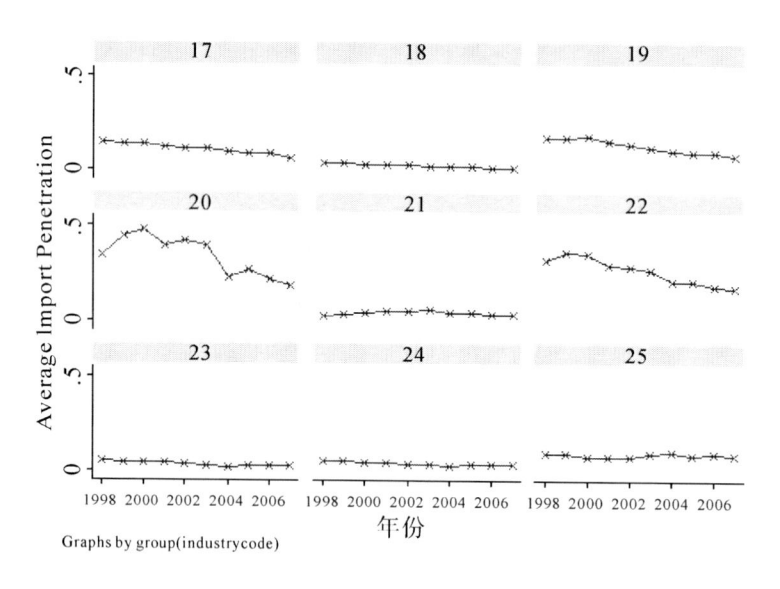

图 3.3（b） 1998—2007 年中国行业进口渗透率变动（17~25）

图 3.3 （c）　1998—2007 年中国行业进口渗透率变动（26~34）

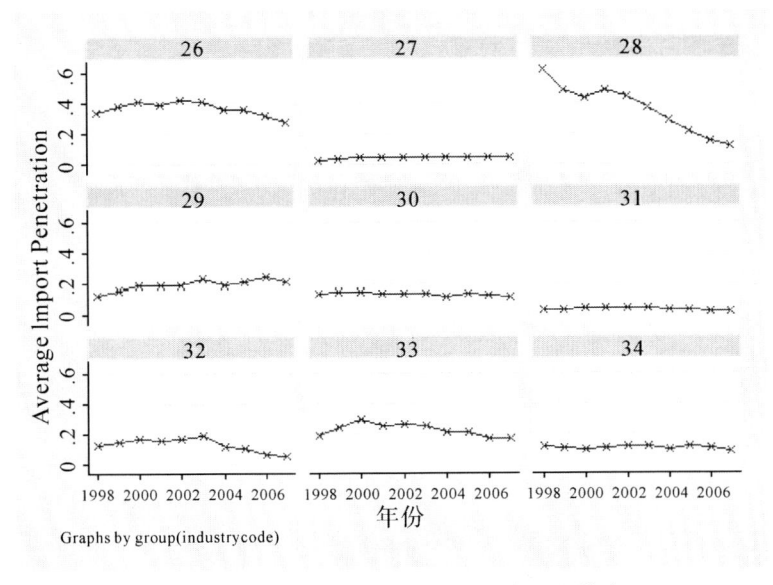

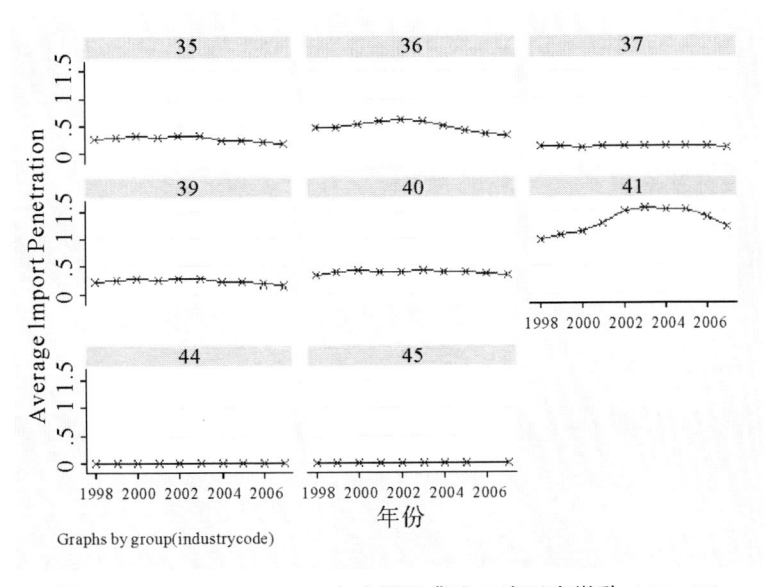

图 3.3 （d）　1998—2007 年中国行业进口渗透率变动（35~45）

3　中国的贸易开放进程：特征事实分析 | 37

表 3.2　　1998—2007 年工業行業二位碼水平上的進口滲透率　　單位：%

行業編碼	1998 年	2002 年	2007 年	1997—2008 年平均值
6	0.44	1.41	2.03	1.18
7	18.97	43.21	76.04	49.88
8	89.93	110.11	130.79	116.71
9	15.78	22.81	57.13	31.37
10	37.59	43.28	51.06	43.45
13	7.06	8.40	6.55	7.48
14	7.93	3.10	2.45	3.84
15	0.46	0.65	1.38	0.87
16	0.43	0.11	0.13	0.19
17	14.12	10.98	6.12	10.67
18	3.05	2.16	0.94	1.98
19	16.42	13.69	7.70	12.82
20	33.34	41.60	17.29	32.90
21	2.78	4.83	3.21	3.94
22	31.23	27.40	16.42	25.80
23	4.74	3.21	2.05	3.14
24	5.27	3.65	2.97	3.59
25	9.27	7.72	8.30	8.57
26	33.49	41.43	27.09	36.22
27	2.33	3.93	4.12	3.70
28	61.98	44.05	10.98	35.66
29	12.05	18.89	20.82	19.23
30	13.23	13.02	11.55	13.18
31	3.08	3.66	2.04	3.12
32	12.46	16.70	5.13	12.64
33	18.95	25.68	16.75	22.14
34	11.20	10.82	8.51	10.35

表3.2(續)

行業編碼	1998年	2002年	2007年	1997—2008年平均值
35	27.23	30.94	16.76	26.61
36	47.05	60.13	32.34	48.02
37	10.99	11.37	9.76	11.13
39	22.18	25.49	15.98	22.49
40	31.71	39.52	33.74	37.53
41	95.47	147.51	119.21	130.07
44	0.00	0.17	0.07	2.33
45	0.00	0.00	0.00	0.11
各行業平均值	20.06	24.05	20.78	22.65

[數據來源] 筆者根據COMTRADE數據庫和《中國統計年鑒》計算而得。

3.3 貿易開放現象之三：出口企業增長

出口貿易可以影響國內企業的生產決策（Melitz，2003；Bertrand 等，2003）以及生產率（張杰，2009），進而對要素需求產生衝擊。因此企業出口也是本書需要關注的變量之一。貿易開放帶來的一個現象便是增加了從事出口的企業數量和產品種類，也即實現了沿著擴展邊際路徑的貿易增長[1]。擴展的貿易邊際有助於出口國形成多元化的產業結構，阻止逆向貿易條件的發生（Hummels 和 Klenow，2005；Hausmann 和 Klinger，2006），因此擴展邊際是解釋出口企業生產率提升的重要機制（Bernard 等，2006a；Feenstra 和 Kee，2008）。

圖3.4展示了1998—2007年從事出口的企業數量及其比例的變化[2]。從出口企業數量來看，1998年出口企業共35,439家，2007年這一數值突破至158,200家，增長近3.5倍；從出口企業占所有企業比重來看，加入WTO後的

---

[1] 企業異質性貿易模型顯示了兩種貿易增長方式：沿集約邊際（The intensive margin of trade）的增長和沿擴展邊際（The extensive margin of trade）的增長。國內對該領域研究的文獻包括錢學鋒（2008）、錢學鋒和熊平（2010）等。

[2] 該數據根據國家統計局提供的中國工業數據庫整理而得。按照出口交貨值不能為負的原則對原始數據進行處理，有4個樣本被剔除。

2001—2004年間從事出口的企業比例增長較快，由之前的22.84%增長到2004年的27.85%，表明越來越多的企業參與到國際產業分工中。貿易開放使得中國可以通過商品的國際流動參與國際市場分工，進而通過替代效應和規模效應的作用影響中國的勞動力要素市場。

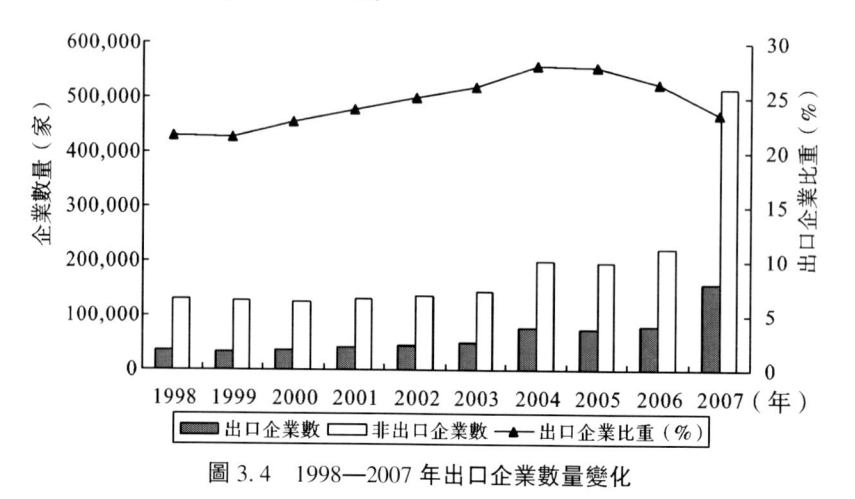

圖 3.4　1998—2007年出口企業數量變化

3.4　小結

本章從三個角度展示了中國1998年以來貿易開放程度的變化趨勢：進口關稅率下降（分別計算了簡單平均關稅率與加權平均關稅率）、行業進口滲透率上升、從事出口的企業數量增長。這三個指標也將作為書中實證部分的貿易開放變量。

4 模型、數據與方法

4.1 計量模型

4.1.1 勞動需求函數的推導

為了說明貿易開放如何影響勞動需求彈性，本研究借鑑 Krishna 等（2001）建立的壟斷競爭模型，並做出進一步改進即假設每個企業具有不同的全要素生產率。假設市場是壟斷競爭的①，市場上有多個生產廠商，出售相近但不同質的商品，廠商之間不存在戰略互動（Strategic Interaction），但每個廠商對自己的產品都有一定的定價權。要素市場是完全競爭的，且要素供給為充分彈性。因此，產業 j 中的企業 i 的逆需求函數為：

$$P_{ij} = \theta \bar{P}_j Q_{ij}^{-1/\varepsilon} \tag{4.1}$$

式（4.1）中，P_{ij} 表示企業 i 的產品價格，$\bar{P}_j$ 表示行業 j 的平均價格，θ 是一個常量系數，Q_{ij} 表示企業 i 的產出，ε 為產品的需求價格彈性。

假設企業 i 的生產函數為柯布—道格拉斯形式，有兩種生產要素即資本和勞動力，則：

$$Q_{ij} = A_{ij} K_{ij}^{\alpha} L_{ij}^{\beta} \tag{4.2}$$

式（4.2）中，K_{ij} 為企業投入的資本要素，L_{ij} 為企業使用的勞動力。企業 i 的利潤函數為：

$$\pi_{ij} = P_{ij} Q_{ij} - r K_{ij} - w L_{ij} \tag{4.3}$$

式（4.3）中，r 和 w 分別為資本和勞動力的價格。將式（4.1）代入

---

① 壟斷競爭的市場結構更貼近現實情形，在產品差異、競爭程度、邊際成本加成定價等方面都比較接近。

(4.3) 中，得到：

$$\pi_{ij} = \theta \bar{P}_j Q_{ij}^{1-1/\varepsilon} - rK_{ij} - wL_{ij} \tag{4.4}$$

由利潤最大化條件，分別對 K_{ij} 和 L_{ij} 求一階導數。K_{ij} 的一階條件為：

$$\frac{\partial \pi_{ij}}{\partial K_{ij}} = \alpha \theta \bar{P}_j (1-1/\varepsilon) Q_{ij}^{1-1/\varepsilon} \frac{1}{K_{ij}} - r = 0 \tag{4.5}$$

經過簡單整理得：

$$K_{ij} = \frac{1}{r} \alpha \theta \bar{P}_j (1-1/\varepsilon) Q_{ij}^{1-1/\varepsilon} \tag{4.6}$$

同理可得：

L_{ij} 的一階條件為：

$$L_{ij} = \frac{1}{w} \beta \theta \bar{P}_j (1-1/\varepsilon) Q_{ij}^{1-1/\varepsilon} \tag{4.7}$$

將式（4.6）和式（4.7）代入生產函數式（4.2）中，得到：

$$Q_{ij} = A_{ij} \left[\frac{1}{r} \alpha \theta \bar{P}_j (1-1/\varepsilon) Q_{ij}^{1-1/\varepsilon} \right]^{\alpha} \left[\frac{1}{w} \beta \theta \bar{P}_j (1-1/\varepsilon) Q_{ij}^{1-1/\varepsilon} \right]^{\beta}$$

$$= A_{ij} \left(\frac{\alpha}{r} \right)^{\alpha} \left(\frac{\beta}{w} \right)^{\beta} \left[\theta \bar{P}_j (1-1/\varepsilon) \right]^{\alpha+\beta} Q_{ij}^{(1-1/\varepsilon)(\alpha+\beta)} \tag{4.8}$$

求解 Q_{ij}，得：

$$Q_{ij} = \left\{ A_{ij} \left(\frac{\alpha}{r} \right)^{\alpha} \left(\frac{\beta}{w} \right)^{\beta} \left[\theta \bar{P}_j (1-1/\varepsilon) \right]^{\alpha+\beta} \right\}^{\frac{1}{1-(1-1/\varepsilon)(\alpha+\beta)}} \tag{4.9}$$

將式（4.9）代入式（4.7）中，得到：

$$L_{ij} = \frac{1}{w} \beta \theta \bar{P}_j (1-1/\varepsilon) \left\{ A_{ij} \left(\frac{\alpha}{r} \right)^{\alpha} \left(\frac{\beta}{w} \right)^{\beta} \left[\theta \bar{P}_j (1-1/\varepsilon) \right]^{\alpha+\beta} \right\}^{\frac{1-1/\varepsilon}{1-(1-1/\varepsilon)(\alpha+\beta)}}$$

$$= \frac{1}{w} \left(\frac{\beta}{w} \right)^{\frac{\beta(1-1/\varepsilon)}{1-(1-1/\varepsilon)(\alpha+\beta)}} \times A_{ij}^{\frac{1-1/\varepsilon}{1-(1-1/\varepsilon)(\alpha+\beta)}} \times \left(\frac{\alpha}{r} \right)^{\frac{\alpha(1-1/\varepsilon)}{1-(1-1/\varepsilon)(\alpha+\beta)}} \times \bar{P}_j^{1+\frac{1-1/\varepsilon}{1-(1-1/\varepsilon)(\alpha+\beta)}}$$

$$\times \beta \theta (1-1/\varepsilon) \left[\theta (1-1/\varepsilon) \right]^{\frac{(\alpha+\beta)(1-1/\varepsilon)}{1-(1-1/\varepsilon)(\alpha+\beta)}}$$

$$= w^{-\frac{1-\alpha(1-1/\varepsilon)}{1-(1-1/\varepsilon)(\alpha+\beta)}} r^{-\frac{\alpha(1-1/\varepsilon)}{1-(1-1/\varepsilon)(\alpha+\beta)}} A_{ij}^{\frac{1-1/\varepsilon}{1-(1-1/\varepsilon)(\alpha+\beta)}} \bar{P}_j^{\frac{1-\alpha(1-1/\varepsilon)}{1-(1-1/\varepsilon)(\alpha+\beta)}}$$

$$\alpha^{\frac{\alpha(1-1/\varepsilon)}{1-(1-1/\varepsilon)(\alpha+\beta)}} \beta^{\frac{1-\alpha(1-1/\varepsilon)}{1-(1-1/\varepsilon)(\alpha+\beta)}} \left[\theta (1-1/\varepsilon) \right]^{\frac{1}{1-(1-1/\varepsilon)(\alpha+\beta)}}$$

$$= \left(\frac{w}{\bar{P}_j} \right)^{-\frac{1-\alpha(1-1/\varepsilon)}{1-(1-1/\varepsilon)(\alpha+\beta)}} \left(\frac{r}{\bar{P}_j} \right)^{-\frac{\alpha(1-1/\varepsilon)}{1-(1-1/\varepsilon)(\alpha+\beta)}} A_{ij}^{\frac{1-1/\varepsilon}{1-(1-1/\varepsilon)(\alpha+\beta)}} C \tag{4.10}$$

式（4.10）中，$C = \alpha^{\frac{\alpha(1-1/\varepsilon)}{1-(1-1/\varepsilon)(\alpha+\beta)}} \beta^{\frac{1-\alpha(1-1/\varepsilon)}{1-(1-1/\varepsilon)(\alpha+\beta)}} \left[\theta (1-1/\varepsilon) \right]^{\frac{1}{1-(1-1/\varepsilon)(\alpha+\beta)}}$。

對式（4.10）取自然對數，得：

$$\ln L_{ij} = -\frac{1-\alpha\ (1-1/\varepsilon)}{1-(1-1/\varepsilon)(\alpha+\beta)}\ln\left(\frac{w}{P_j}\right) - \frac{\alpha\ (1-1/\varepsilon)}{1-(1-1/\varepsilon)(\alpha+\beta)}\left(\frac{r}{P_j}\right) + \frac{1-1/\varepsilon}{1-(1-1/\varepsilon)(\alpha+\beta)}\ln A_{ij}$$
$$+\ln C \tag{4.11}$$

因此，勞動需求對工資的彈性為：

$$E_{ij} = \frac{\partial\ \ln L_{ij}}{\partial\ \ln\left(\frac{w}{P_j}\right)} = -\frac{1-\alpha\ (1-1/\varepsilon)}{1-(1-1/\varepsilon)(\alpha+\beta)} \tag{4.12}$$

可見，產品需求彈性決定著勞動需求彈性。那麼兩者的關係如何？可以通過求解勞動需求彈性對產品需求彈性的導數得到：

$$\frac{\partial\ |E_{ij}|}{\partial\ \varepsilon} = \frac{\beta}{\varepsilon^2\ [1-(1-1/\varepsilon)(\alpha+\beta)]^2} > 0 \tag{4.13}$$

因此，產品需求彈性增大，將會提高勞動需求彈性。

將式（4.11）轉化為計量模型的形式為：

$$\ln L_{ijt} = \alpha_0 + \alpha_1 \ln\left(\frac{w_{ijt}}{P_{jt}}\right) + \alpha_2\left(\frac{r_{ijt}}{P_{jt}}\right) + \alpha_3 \ln TFP_{ijt} + \varepsilon_{ijt} \tag{4.14}$$

式（4.14）中 TFP_{ijt} 為產業 j 中的企業 i 在 t 年的全要素生產率（Total Factor Productivity，簡稱 TFP），ε_{ijt} 為誤差項。

4.1.2 全要素生產率的估計

一般文獻中全要素生產率是通過計算索羅殘值得出的，即產出觀察值與通過 OLS 估計柯布—道格拉斯生產函數得出的產出擬合值之間的差。例如，Amiti 和 Konings（2007）使用如下形式的生產函數：

$$Q_{ijt} = A_{ijt} K_{ijt}^{\alpha} L_{ijt}^{\beta} M_{ijt}^{\gamma} \tag{4.15}$$

式（4.15）中，Q_{ijt}、K_{ijt}、L_{ijt}、M_{ijt} 分別是企業 i 在 t 期的產出、資本、勞動、中間投入。假設每個產業具有不同的生產函數。

對式（4.15）兩邊取對數，得：

$$\ln Q_{ijt} = \ln A_{ijt} + \alpha \ln K_{ijt} + \beta \ln L_{ijt} + \gamma \ln M_{ijt} + \varepsilon_{ijt} \tag{4.16}$$

或：

$$q_{ijt} = TFP_{ijt} + \alpha k_{ijt} + \beta l_{ijt} + \gamma m_{ijt} + \varepsilon_{ijt} \tag{4.17}$$

進而得到：

$$TFP_{ijt} = \ln Q_{ijt} - \alpha \ln K_{ijt} - \beta \ln L_{ijt} - \gamma \ln M_{it} - \varepsilon_{ijt} \tag{4.18}$$

但用 OLS 去估計式（4.18），存在嚴重的內生性問題：全要素生產率不能

外生決定，而有可能有一部分全要素生產率的變化能夠被企業覺察並使企業改變投入決策以實現利潤最大化，不可觀測的生產率衝擊和投入之間存在相關關係——如果一個企業生產率較高，它一般會追加投資，導致低估資本項，高估勞動力和中間投入項，導致在估計全要素生產率時產生偏差。Olley 和 Pakes（1996）對此給出了一種修正方法（簡稱 OP 方法），將投資作為不可觀測生產率衝擊的代理變量，該方法得到了廣泛的應用和支持。但是 Levinsohn 和 Petrin（2003）指出，OP 方法也會帶來很大的調整成本，如數據要求嚴格（投資額需為正）、投資對生產率的變化只能做出部分反應等，諸多限制均可能致使投資不能成為一個理想的代理變量。因此，Levinsohn 和 Petrin 修改了 OP 方法（簡稱 LP 方法），主張利用中間投入作為不可觀測生產率衝擊的代理變量，假設中間投入是生產率衝擊和資本的函數：

$$m_{ijt} = m_{ijt}(\omega_{ijt}, k_{ijt}) \tag{4.19}$$

Olley 和 Pakes 證明了企業投入與生產率存在單調遞增關係，因此，生產率衝擊可以表示為投入函數的反函數：

$$\omega_{ijt} = \omega_{ijt}(m_{ijt}, k_{ijt}) \tag{4.20}$$

因此，生產函數式（4.17）可寫為：

$$y_{ijt} = \beta l_{ijt} + \varphi_{it}(m_{ijt}, k_{ijt}) + \varepsilon_{ijt} \tag{4.21}$$

式（4.21）中，$\varphi_{it}(m_{it}, k_{it}) = \delta_{it} + \beta_m m_{it} + \beta_k k_{it} + \omega_{it}(m_{it}, k_{it})$。

然後分兩個階段估計參數，第一階段首先估計 β，估計的方程為：

$$y_{ijt} - E[y_{ijt} | m_{ijt}, k_{ijt}] = \beta(l_{ijt} - E[l_{ijt} | m_{ijt}, k_{ijt}]) + \varepsilon_{ijt} \tag{4.22}$$

第二階段估計 α、γ，估計方程為：

$$y_{ijt}^* = y_{ijt} - \beta l_{ijt} = TFP_{ijt} + \gamma m_{ijt} + \alpha k_{ijt} + E[\omega_{ijt} | \omega_{ijt-1}] + \varepsilon_{ijt} \tag{4.23}$$

式（4.23）中，ω_{ijt} 遵循一階馬爾科夫過程。

本書借鑑 LP 估計方法，應用 Levinsohn、Petrin 和 Poi（2004）提供的 STATA 軟件包（LEVPET）進行估算，估計得出的全要素生產率將作為以下計量模型中的因變量。

4.1.3 迴歸模型的設定

為了檢驗貿易開放對勞動需求彈性的影響，在式（4.23）基礎上，加入貿易開放變量以及貿易開放變量與工資價格的交互項，基準迴歸模型為：

$$\ln L_{ijt} = \alpha_0 + \alpha_1 \ln w_{ijt} + \alpha_2 \ln r_{ijt} + \alpha_3 \ln TFP_{ijt} + \alpha_4 IMP_{jt}$$
$$+ \alpha_5 \ln w_{ijt} \times IMP_{jt} + \delta_{ij} + \eta_t + \varepsilon_{ij} \tag{4.24}$$

式（4.24）中，$\ln L_{ijt}$ 為行業 j 中的企業 i 在 t 年的職工人數的對數；$\ln w_{ijt}$

為企業 i 在年份 t 人均實際工資額的對數；lnr_{ijt} 為企業 i 在 t 年份投入的資本要素的價格；$lnTFP_{ijt}$ 是企業 i 在 t 年份的全要素生產率，用於控制技術對勞動需求的影響；IMP_{jt} 為產業 j 在 t 年份的進口滲透率；三個誤差項分別為：δ_{ij} 為不可觀測的企業固定效應，η_t 為年份固定效應，ε_{ijt} 為標準誤差項並假設其服從標準正態分佈；α_0 為常數項。IMP_{jt} 與 lnw_{ijt} 交互項的系數 α_6 是本書最關注的，它反應了貿易開放對勞動需求彈性的衝擊大小。依據前述理論分析，預計 α_1 系數為負，α_5 系數也為負。

另外，為估計勞動需求彈性的替代效應，在原模型中加入產出約束項 lnQ_{ijt}（Slaughter，2001；Fajnzylber 和 Maloney，2005），即：

$$lnL_{ijt} = \alpha_0 + \alpha_1 lnw_{ijt} + \alpha_2 lnr_{ijt} + \alpha_3 lnTFP_{ijt} + \alpha_4 IMP_{jt}$$
$$+ \alpha_5 lnw_{ijt} \times IMP_{jt} + \alpha_6 lnQ_{ijt} + \delta_{ij} + \eta_t + \varepsilon_{ij} \quad (4.25)$$

在后面的迴歸分析中，每一個情形下都對產出可變與產出不變兩個方程〔式（4.24）和式（4.25）〕進行了估計，分別估計總效應與替代效應。另外，為了進行穩健性檢驗，我們還考慮了其他衡量貿易開放的指標——進口關稅率，分別計算了簡單平均關稅率和加權平均關稅率。

4.2 變量設置、數據來源與數據處理

4.2.1 變量設置

4.2.1.1 企業所用資本要素的價格（lnr_{ijt}）

借鑑 Slaughter（2001）計算資本價格的公式，企業所用資本要素的價格等於工業增加值（用各地區工業品出廠價格指數平減）除以固定資產淨值年平均余額，然后再用各省份層面的固定資產投資價格指數進行平減。

4.2.1.2 TFP 的計算

每個行業的生產函數具有很大的差異，因此本書對每個二位碼產業層面分別用 LP 方法計算全要素生產率。LP 估計方法有兩種模型：總產值模型和增加值模型。除了採用 LP 方法估計外，還用混合 OLS 方法在二位碼產業層面對總產值模型和增加值模型進行估計，共得到四種全要素生產率的估計值：$lnTFP_{ijt}^{LP\_valueadded}$、$lnTFP_{ijt}^{LP\_output}$、$lnTFP_{ijt}^{OLS\_output}$ 和 $lnTFP_{ijt}^{OLS\_valueadded}$。

主要變量的表示符號、變量說明以及對應的計算方法見表 4.1。

表 4.1　　　　　　　　　主要變量及計算方法

變量符號	變量說明	計算方法
$\ln L_{ijt}$	企業 i 在 t 年份的在職員工人數的對數	——
$\ln w_{ijt}$	企業 i 在 t 年份的人均工資	當年工資總額剔除通貨膨脹因素後除以在職員工人數
$\ln r_{ijt}$	企業 i 在 t 年份的資本價格	剔除通貨膨脹因素後的工業增加值除以固定資產淨值年平均餘額
$\ln TFP_{ijt}^{LP\_valueadded}$	用 LP 方法和增加值模型計算的 TFP	以中間投入品作為工具變量，各變量分別剔除通貨膨脹因素
$\ln TFP_{ijt}^{LP\_output}$	用 LP 方法和總產值模型計算的 TFP	以中間投入品作為工具變量，各變量分別剔除通貨膨脹因素
$\ln TFP_{ijt}^{OLS\_output}$	用混合 OLS 方法和總產值模型計算的 TFP	採用異方差穩健的混合 OLS，各變量分別剔除通貨膨脹因素
$\ln TFP_{ijt}^{OLS\_valueadded}$	用混合 OLS 方法和增加值模型計算的 TFP	採用異方差穩健的混合 OLS，各變量分別剔除通貨膨脹因素
IMP_{jt}	行業進口滲透率	行業進口額除以行業總產值
$SimpleTariff_{jt}$	簡單平均關稅率	二位碼產業層面關稅的算數平均數
$WeightedTariff_{jt}$	加權平均關稅率	以該商品在總進口額中的比例為權重進行計算

4.2.2　數據來源

目前文獻多用產業層面數據檢驗貿易開放與勞動需求彈性之間的關係，如 Slaughter（2001）、Hasan 等（2007）、Haouasa 和 Yagoubi（2008）等，用微觀企業數據進行檢驗的非常少。但是企業層面數據更能貼近現實情形，更能準確捕捉勞動需求函數的形式，模型中公式的推導也是基於企業行為的。正如 Slaughter（2001）所指出的，「研究該問題最理想的數據是企業層面數據，因為企業是真正的做出勞動需求決策的個體」。企業層面數據來源於國家統計局維護的中國工業企業數據庫，數據區間為 1998—2007 年，這一區間能夠涵蓋中國貿易開放的標誌性事件——2001 年加入世界貿易組織，在此前後進口滲透率與關稅率都有大幅度的變動和調整，為檢驗該過程中勞動需求彈性的變化是否來源於貿易開放提供了證據。

該數據庫涵蓋中國規模以上工業法人企業，即包括全部國有企業和年主營業務收入 500 萬元及以上的非國有工業企業，提供企業勞動力人數、工資、總

產業、工業增加值等關鍵變量信息。該數據庫中的企業數量在 1998 年為 165,118 家；至 2007 年增加到 336,767 家，占到中國工業總產值的 95% 左右。

計算進口滲透率需要的產業 2 位碼層面的進口數據來源於 COMTRADE 數據庫，產業 2 位碼層面的產值數據來源於各年《中國統計年鑒》。

中國 1998—2007 年進口關稅率的數據來源於世界銀行維護的 WITS（World Integrated Trade Solution）數據庫，WITS 數據庫提供 HS 四位碼產業層面的關稅數據，本書按照附錄的產業對照表將其歸至標準產業分類二位碼產業層面。

4.2.3 數據處理

4.2.3.1 剔除異常值

研究時需要對原始數據庫中的異常值進行剔除。根據 Jefferson 等（2008）以及 Li 和 Yu（2009）處理數據的原則，進行以下處理：

（1）重要變量不能缺失。如總產出、固定資產、從業人數、工資總額。

（2）重複數據需剔除。這裡的重複記錄是指具有相同的法人代碼和時間變量，儘管其他變量會有不同。

另外，依據公認會計準則（General Accepted Accounting Principles，簡稱 GAAP）以及 Cai 和 Liu（2009）的做法，對不符合以下條件的觀察值進行刪除：

（1）總資產大於流動資產；

（2）總資產大於總固定資產；

（3）總資產大於固定資產淨值；

（4）企業的法人代碼不缺失且為唯一值；

（5）企業成立時間應早於 2007 年且晚於 1800 年。

4.2.3.2 通貨膨脹因素的控制

企業產出、增加值、中間投入依據「各地區工業品出廠價格指數」調整；固定資產和投資採用「各地區固定資產投資價格指數」調整；工資支出按照「居民消費價格指數」調整。以上各種價格指數全部來自 1999—2008 年《中國統計年鑒》，均以 1997 年為基期。理想的價格指數應該是各區域在年份和產業細分層面的數據，但本研究只獲得 1998—2007 年度各省份層面的三種價格指數，其中有的省份在某些年度缺失，則按照當年全國平均的價格指數進行補充。《中國統計年鑒》上提供的價格指數原始數據均以上年為基期，本研究將其換算成以 1997 年為基期（各省份三種價格指數見圖 4.1）。

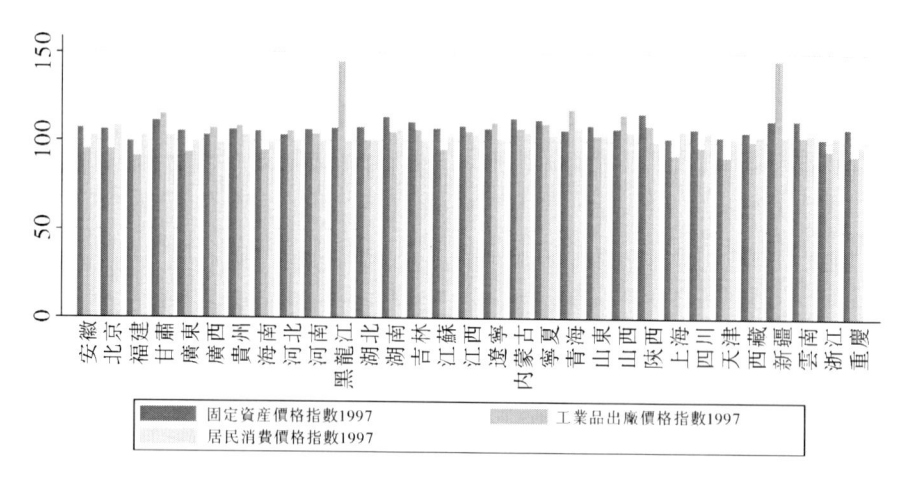

圖 4.1　各省份固定資產價格指數、工業品出廠價格指數和居民消費價格指數

4.2.3.3　產業的調整

由於一些產業進口滲透率的數據缺失，所以刪除屬於這些行業的樣本，這些行業包括其他礦採選業（11）、木材及竹材採運業（12）和其他製造業（43）。

經過以上處理后，得到 2,021,231 個樣本觀測值。

4.2.4　數據描述性統計

4.2.4.1　行業 TFP

行業之間具有不同的生產函數，因此對每一個二位碼行業中的企業分別計算全要素生產率。利用 LP 方法計算的兩種生產率的均值報告在表 4.3 中①。

表 4.3　　　　　利用 LP 方法估計的全要素生產率

產業名稱及代碼	$\ln\text{TFP}^{LP\_valueadded}_{ijt}$	$\ln\text{TFP}^{LP\_output}_{ijt}$
煤炭開採和洗選業（6）	6.734,7	1.502,8
石油和天然氣開採業（7）	5.969,1	4.678,2
黑色金屬礦採選業（8）	5.975,6	2.559,0
有色金屬礦採選業（9）	6.696,5	1.475,8
非金屬礦採選業（10）	6.295,7	3.003,0
農副食品加工業（13）	6.310,6	2.107,1

---

① 因篇幅限制，這裡只報告了利用 LP 計算的兩種全要素生產率的行業均值，沒有報告利用 OLS 方法計算的值。

表4.3(續)

產業名稱及代碼	$\ln\text{TFP}_{ijt}^{LP\_valueadded}$	$\ln\text{TFP}_{ijt}^{LP\_output}$
食品製造業（14）	6.212,4	1.566,5
飲料製造業（15）	6.356,3	2.411,2
菸草製造業（16）	7.557,2	5.309,0
紡織業（17）	6.424,0	2.430,3
服裝、鞋、帽製造業（18）	6.145,2	3.431,7
皮革、毛皮、羽毛（絨）及其製品業（19）	6.484,3	3.309,0
木材加工及木、竹、藤、棕、草製品業（20）	6.143,0	1.826,6
家具製造業（21）	6.374,5	2.126,1
造紙及紙製品業（22）	6.368,5	2.132,0
印刷業和記錄媒介的複製（23）	5.845,6	1.525,3
文教體育用品製造業（24）	6.396,7	3.861,8
石油加工、煉焦及核燃料加工業（25）	6.122,1	0.673,3
化學原料及化學製品製造業（26）	6.504,5	2.966,5
醫藥製造業（27）	6.548,1	3.723,8
化學纖維製造業（28）	6.567,0	1.297,7
橡膠製品業（29）	6.325,7	3.198,8
塑料製品業（30）	6.193,1	2.828,7
非金屬礦物製品業（31）	6.658,3	2.461,8
黑色金屬冶煉及壓延加工業（32）	6.424,9	1.105,3
有色金屬冶煉及壓延加工業（33）	6.448,7	1.608,8
金屬製品業（34）	6.175,5	3.259,8
通用設備製造業（35）	6.570,8	2.895,9
專用設備製造業（36）	6.496,1	2.985,6
交通運輸設備製造業（37）	6.215,5	1.026,0
電氣機械及器材製造業（39）	6.472,7	2.810,6
通信設備、計算機及其他電子設備製造業（40）	6.436,9	0.490,1
儀器儀表及文化、辦公用機械製造業（41）	6.449,7	2.869,8
電力、熱力的生產和供應業（44）	4.837,5	4.870,3
燃氣生產和供應業（45）	6.446,5	4.603,8

4.2.4.2 基本變量描述性統計

計量部分主要變量的基本描述性統計報告在表4.4中;主要變量之間的相關係數報告在表4.5中。

表4.4　　　　　　　　　　基本變量描述性統計

變量名稱	樣本數	均值	標準差	最小值	最大值
實際產出 (lnQ_{ijt})	2,021,231	9.944,247	1.385,645	0.011,896	19.084,18
勞動力 (lnL_{ijt})	2,021,231	4.784,113	1.153,721	0	12.577,42
中間投入品 (lnM_{ijt})	2,021,231	9.610,953	1.445,727	−0.597,000	19.011,73
資本 (lnK_{ijt})	2,021,231	8.364,270	1.754,543	−0.243,180	18.679,02
工業增加值 (lnV_{ijt})	2,021,231	8.585,913	1.466,869	−0.432,990	18.183,36
實際工資 (lnw_{ijt})	2,021,231	9.182,667	0.717,121	0.344,185	19.350,16
實際資本價格 (lnr_{ijt})	2,021,231	0.255,049	1.476,604	−13.000,300	13.546,07
進口滲透率 (IMP_{jt})	2,021,231	0.178,200	0.211,080	1.01E−07	1.627,267
簡單平均關稅率 ($SimpleTariff_{jt}$)	2,021,231	0.122,048	0.068,307	0	0.65
加權平均關稅率 ($WeightedTariff_{jt}$)	2,021,231	0.110,076	0.078,021	0	0.65
出口虛擬變量 ($exportdummy_{ijt}$)	2,021,231	0.252,647	0.434,530	0	1
全要素生產率 ($lnTFP_{ijt}^{LP\_valueadded}$)	2,021,231	6.358,495	1.238,779	−4.371,330	13.500,35
全要素生產率 ($lnTFP_{ijt}^{LP\_output}$)	2,021,231	2.514,401	0.961,044	−3.098,590	13.658,06
全要素生產率 ($lnTFP_{ijt}^{OLS\_valueadded}$)	2,021,231	0.000,164	0.960,376	−11.854,800	11.721,41
全要素生產率 ($lnTFP_{ijt}^{OLS\_output}$)	2,021,231	−0.000,420	0.731,260	−11.090,300	13.332,37

註:除進口滲透率、簡單平均關稅率、加權平均關稅率採用樣本值的絕對數進行計算外,其他主要變量均取對數進行計算。所有變量均運用相應通貨膨脹指數剔除價格變動因素。

表 4.5 主要變量的相關係數

	lnL	lnw	lnr	IMP	lnw×IMP	SimpleTariff	WeightedTariff	lnw×SimpleTariff	lnw×WeightedTariff	TFP^{LP}_valueadded	TFP^{LP}_output	TFP^{OLS}_valueadded	TFP^{OLS}_output
lnL	1												
lnw	-0.038	1											
lnr	-0.143	0.138	1										
IMP	-0.026	0.037	0.049	1									
lnw×IMP	-0.029	0.103	0.058	0.995	1								
SimpleTariff	0.061	-0.239	-0.024	-0.231	-0.236	1							
WeightedTariff	0.046	-0.236	-0.042	-0.267	-0.273	0.885	1						
lnw×SimpleTariff	0.056	-0.090	0.000	-0.229	-0.226	0.984	0.864	1					
lnw×WeightedTariff	0.041	-0.119	-0.024	-0.270	-0.271	0.871	0.989	0.876	1				
TFP^{LP}_valueadded	0.393	0.330	0.526	0.020	0.042	-0.044	-0.058	0.008	-0.019	1			
TFP^{LP}_output	0.150	0.157	0.172	-0.019	-0.012	-0.050	-0.018	-0.030	0.000	0.285	1		
TFP^{OLS}_valueadded	0.001	0.242	0.641	0.000	0.017	0.000	0.000	0.038	0.030	0.776	0.286	1	
TFP^{OLS}_output	0.001	0.125	0.493	0.000	0.009	-0.000	-0.000	0.018	0.014	0.592	0.252	0.762	1
lnQ	0.604	0.349	0.199	0.007	0.029	-0.067	-0.067	-0.016	-0.028	0.818	0.277	0.505	0.176

註：全要素生產率的數值（包括 TFP^{LP}_valueadded，TFP^{LP}_output，TFP^{OLS}_valueadded，TFP^{OLS}_output）均取對數進行計算。

4.3 實證方法

本書應用經過 White（1980）異方差調整的混合 OLS 迴歸模型與面板數據模型分別估計式（4.24）和式（4.25）。

4.3.1 經過 White（1980）異方差調整的混合 OLS 迴歸模型

當存在異方差時，最小二乘法得出的結果具有一致性，卻是無效的。為解決這個問題，White（1980）提出 Heteroskedasticity Consistent Covariances 方法，使得存在異方差時能夠對協方差矩陣進行一致性估計，而不需要明確異方差的形式。White（1980）協方差矩陣公式為：

$$\Sigma_W = \frac{N}{N-k}(X'X)^{-1}\left(\sum_{i=1}^{N}\hat{u}_i^2 x_i x_i'\right)(X'X)^{-1} \tag{4.26}$$

4.3.2 面板數據模型

1998—2007 年中國工業企業數據庫可以構成一個非平衡面板數據。面板數據模型包括固定效應模型（Fixed Effect Model）和隨機效應模型（Random Effect Model）。對於是選擇固定效應模型還是選擇隨機效應模型，本書將首先對每一個迴歸方程應用豪斯曼檢驗（Hausman，1978）方法進行嚴謹的檢驗再確定。豪斯曼檢驗用來檢驗同一參數的兩個估計量之間差異的顯著性，是在 Durbin（1914）和 Wu（1973）的基礎上發展起來的。利用豪斯曼統計量檢驗是固定效應模型還是隨機效應模型的原理是：假定面板模型的誤差項滿足通常的假定條件，如果真實的模型是隨機效應模型，那麼 β 的離差變換 OLS 估計量 $\hat{\beta}_{FE}$ 和可行 GLS 法估計量 $\tilde{\beta}_{RE}$ 都具有一致性；如果真實的模型是固定效應模型，則 $\hat{\beta}_{FE}$ 是一致估計量，但 $\tilde{\beta}_{RE}$ 是非一致估計量。因此，兩種情形下，如果迴歸係數的差別很小，說明應選擇隨機效應模型；如果兩個迴歸係數的差別非常大，說明應建立固定效應模型。所以可以通過檢驗 $(\hat{\beta}_{FE}-\tilde{\beta}_{RE})$ 的非零顯著性來判定面板數據模型中是否存在個體固定效應。考察中國的勞動力市場狀況，現階段中國勞動力供給遠超過需求，因此勞動力供給市場近似於完全競爭，企業面臨近似無限大的勞動供給彈性。也就是說，各要素價格對企業來講是外生的，所以在該模型中的要素價格內生性問題不是很嚴重。

4.4 小結

　　本部分從理論上推導考慮全要素生產率的勞動需求函數，並應用一種更為合理的方法——Levinsohn-Petrin 方法來分行業計算企業的全要素生產率。之后加入貿易開放變量以及貿易開放變量與工資價格的交互項構建基本迴歸模型。變量設定方面，考慮了通貨膨脹因素，每個價值變量均計算了不變價格基礎上的真實值。對 1998—2007 年中國工業企業數據進行異常值剔除、產業調整等處理。最后對本書採用的兩種計量方法——經過 White（1980）異方差調整的混合 OLS 迴歸模型和面板數據模型進行了簡要介紹。

5 貿易開放與勞動需求彈性：基本實證結果分析

　　本章將依據第四章中建立的模型，利用中國工業企業數據庫提供的數據進行基本的迴歸分析，主要包括根據全樣本利用最小二乘法（Ordinary Least Square，以下簡寫為 OLS）和固定效應模型迴歸；產業層面，按照不同的產業分類標準，分為高技術產業和低技術產業並分別考察；區域層面，分為東部、中部、西部，並進行比較分析。另外，進行多種穩健性檢驗，包括貿易開放指標分別選擇進口滲透率和行業平均關稅（分別計算簡單平均關稅率和加權平均關稅率）；全要素生產率變量分別採用 LP 方法和 OLS 方法進行計算，每種方法又分別採用總產值模型和增加值模型計算。

5.1　全樣本基本實證結果分析

5.1.1　OLS 與固定效應模型

5.1.1.1　OLS 迴歸結果

　　首先，將 1998—2007 年的企業數據混合到一起進行 OLS 迴歸。為了控制可能存在的異方差問題，本書利用經過 White（1980）異方差調整的最小二乘法對樣本數據進行迴歸[1]，並且分別在不包含產出約束項和加入產出約束項兩種情形下估計勞動需求彈性的替代效應和規模效應。迴歸時加入區域、產業、年份虛擬變量，用於控制區位、產業政策以及宏觀形勢等不可觀測因素的影響。結果報告在表 5.1 中，第（1）列和第（4）列為不包含進口滲透率

---

[1]　當存在異方差時，最小二乘法得出的結果具有一致性，卻是無效的。為解決這個問題，White（1980）提出 Heteroskedasticity Consistent Covariances 方法，使得存在異方差時能夠對協方差矩陣進行一致性估計，而不需要明確異方差的形式。

表 5.1

採用 OLS 方法對全樣本進行迴歸

因變量（$\ln L_{ijt}$）	產出可變			產出不變		
	(1)	(2)	(3)	(4)	(5)	(6)
實際工資（$\ln w_{jt}$）	−0.342***	−0.342***	−0.329***	−0.360***	−0.360***	−0.350***
	(0.001,27)	(0.001,27)	(0.001,55)	(0.001,15)	(0.001,15)	(0.001,40)
實際資本價格（$\ln r_{jt}$）	−0.404***	−0.404***	−0.404***	−0.188***	−0.188***	−0.188***
	(0.000,607)	(0.000,607)	(0.000,607)	(0.000,646)	(0.000,646)	(0.000,646)
全要素生產率（$\ln TFP^{LP\_valueadded}_{ijt}$）	0.749***	0.750***	0.749***	−0.004,30***	−0.004,29***	−0.004,26***
	(0.000,757)	(0.000,757)	(0.000,757)	(0.001,51)	(0.001,51)	(0.001,51)
進口滲透率（IMP_{jt}）		−0.037,9***	0.625***		−0.019,7	0.468***
		(0.013,8)	(0.046,1)		(0.012,6)	(0.041,9)
$\ln w_{jt} \times IMP_{jt}$			−0.071,2***			−0.052,4***
			(0.004,73)			(0.004,30)
實際產出（$\ln Q_{jt}$）				0.646***	0.646***	0.646***
				(0.001,15)	(0.001,15)	(0.001,15)
常數項	1.883	1.882	1.742	2.492	2.492	2.389
	(22.25)			(19.60)	(37.85)	
區域虛擬變量	是	是	是	是	是	是
產業虛擬變量	是	是	是	是	是	是
年份虛擬變量	是	是	是	是	是	是
樣本數	2,021,231	2,021,231	2,021,231	2,021,231	2,021,231	2,021,231
R^2	0.477	0.477	0.477	0.579	0.579	0.579

註：括號內報告的為異方差穩健標準差。***、**、*分別表示在1%、5%和10%的水平上顯著。為簡約空間，區域、產業、年份虛擬變量的估計係數沒有報告。

（IMP$_{jt}$）這個貿易開放指標時基準情形下的估計結果，第（2）列和第（5）列為加入進口滲透率的估計結果，第（3）列和第（6）列為加入進口滲透率以及進口滲透率與人均實際工資對數的交互項時的結果。

表5.1的結果顯示，當進口滲透率與人均實際工資對數的交互項（lnw$_{ijt}$×IMP$_{jt}$）沒有被納入迴歸方程時，此時人均實際工資對數變量的估計系數即為中國工業企業平均的勞動需求彈性，取值區間為-0.360~-0.342［（1）、（2）、（4）、（5）列中 lnw$_{ijt}$的系數 α_1］，且呈現良好的顯著性（均在1%的水平上顯著），與 Hamermesh（1986a，1986b）所提出的「勞動需求彈性應在-0.15~-0.75之間」① 的論斷相符。它說明利用此模型估算的中國工業企業的勞動需求彈性在合理取值範圍內，意味著當外生衝擊致使工資價格上升（或降低）1%時，企業勞動需求將減少（或增加）0.342%~0.360%。表5.1中第（3）列和第（6）列的結果顯示，當產出可變時，lnw$_{ijt}$×IMP$_{jt}$的估計系數為-0.071,2，當控制產出規模時，lnw$_{ijt}$×IMP$_{jt}$的估計系數為-0.052,4，兩者均在1%的水平上顯著，統計上的含義為行業進口滲透率每增大10%，將使勞動需求彈性顯著地提高0.005~0.007②。它說明貿易開放程度越高，勞動需求彈性越大，貿易開放的不斷深化將會帶來就業市場的劇烈波動，增大就業風險。經過異方差調整的 R^2 介於 0.477 和 0.579 之間，反應了該模型具有較高的解釋力。

5.1.1.2　固定效應模型迴歸結果

1998—2007年中國工業企業數據構成一個非平衡面板數據樣本，因此本書將選擇合適的面板數據模型來估計方程。對於是選擇固定效應模型還是選擇隨機效應模型，同前面一樣，本書首先應用豪斯曼檢驗方法進行了嚴謹的檢驗③再確定。

為節約空間，本書正文中沒有列出豪斯曼檢驗的過程和結果。豪斯曼檢驗的結果顯示，應該選擇固定效應模型。理論上，固定效應模型不嚴格假設不可觀測的個體異質性與解釋變量無關，而隨機效應模型則要求不可觀測的因素與解釋變量不相關。對本書模型而言，尚沒有充分的理由判定一些影響中國企業

---

① 但與 Slaughter（2001）提出的勞動需求彈性值介於-0.5~-0.8 相比，本書估計的系數偏大（彈性系數的絕對值偏小）。原因可能在於中國具有嚴格的限制勞動力流動的制度以及大量國有企業的存在，大大降低了勞動者選擇就業的範圍，導致就業波動較小。有關所有制因素對兩者關係的影響，將在第六章中進行檢驗。

② 此處考慮勞動需求彈性的絕對值。

③ 本書對本部分以及后文中的每一個面板數據模型都利用固定效應模型和隨機效應模型分別進行了迴歸，並應用豪斯曼檢驗進行取捨。結果表明均選擇固定效應模型。

的勞動需求但不可觀測的因素或無法獲得數據的變量（如企業的人力資源管理制度等）與模型中企業全要素生產率等解釋變量完全不相關，因此選擇固定效應模型在本書實證中是合理的。

應用固定效應模型對方程式（4.24）和式（4.25）進行迴歸，控制個體固定效應的同時加入年份虛擬變量，用於控制不隨企業個體變化的年份固定效應的影響。迴歸結果報告在表 5.2 中。結果顯示，（1）、（2）、（4）、（5）列中 lnw_{ijt} 的系數 α_1 的值（即勞動需求彈性的估計區間）介於 -0.240（產出可變）~ -0.263（產出不變）之間，且在 1% 的置信水平上顯著。該估計系數與 Fajnzylber 和 Maloney（2005）估計的智利、哥倫比亞和墨西哥三個拉丁美洲國家的勞動需求彈性的值比較接近[1]。

比較第（3）列與第（6）列的結果，實際工資 lnw_{ijt} 與進口滲透率的 IMP_{jt} 的交互項系數符號均為負，與預期的相同，且在 1% 的水平上顯著，說明中國的貿易開放將能增強勞動需求彈性，從而加劇就業波動。應用固定效應模型估計的彈性系數較 OLS 的結果小，但均顯著為負。

比較無產出約束（產出可變）和有產出約束（產出不變）兩種情形，可以發現產出約束下的貿易開放對勞動需求彈性的影響系數 α_5 均小於無產出約束情形所估計的結果，即產出不變條件下貿易開放帶來的要素替代效應小於貿易開放對勞動需求的總效應，兩者之差反應了規模效應的大小。並且替代效應占主導地位，OLS 模型下替代效應約占總效應的 76%，固定效應模型下約占 63%[2]，說明貿易開放主要通過其他生產要素替代勞動力的機制來作用於勞動需求彈性。

固定效應組內 R^2 介於 0.131~0.267 之間，與 Mitra 和 Shin（2011）[3] 的計算結果比較，該模型能夠很好地解釋貿易開放與勞動需求彈性的關係。

---

[1] Fajnzylber 和 Maloney（2005）分別估計了藍領工人和白領工人的勞動需求彈性，對藍領工人而言，智利、哥倫比亞、墨西哥三個國家的勞動需求彈性分別為 -0.2、-0.3、-0.3；白領工人的勞動需求彈性的絕對值稍低，三個國家依次為 -0.19、-0.22、-0.28。

[2] 該結果與盛斌和牛蕊（2009）用中國工業行業層面的數據進行實證分析的結果基本一致。

[3] Mitra 和 Shin（2011）對韓國的貿易開放和勞動需求彈性的關係進行了檢驗，其固定效應的組內 η_{LL} 多數小於 0.20。

表 5.2 採用固定效應模型對全樣本進行迴歸

因變量（$\ln L_{jit}$）	產出可變			產出不變		
	(1)	(2)	(3)	(4)	(5)	(6)
實際工資（$\ln w_{jit}$）	-0.241***	-0.241***	-0.240***	-0.263***	-0.263***	-0.261***
	(0.000,719)	(0.000,719)	(0.000,893)	(0.000,662)	(0.000,662)	(0.000,821)
實際資本價格（$\ln r_{jit}$）	-0.098,3***	-0.098,3***	-0.098,3***	-0.032,9***	-0.032,9***	-0.032,9***
	(0.000,589)	(0.000,589)	(0.000,589)	(0.000,556)	(0.000,556)	(0.000,556)
進口滲透率（IMP_{jt}）		-0.011,5***	0.067,0**		0.000,570	0.096,4***
		(0.004,48)	(0.028,0)		(0.004,12)	(0.025,7)
$\ln w_{jit} \times IMP_{jt}$			-0.008,40***			-0.010,3***
			(0.002,96)			(0.002,72)
全要素生產率（$\ln TFP_{jit}^{LP\_valueadded}$）	0.243***	0.243***	0.243***	-0.048,5***	-0.048,5***	-0.048,5***
	(0.000,746)	(0.000,746)	(0.000,746)	(0.000,889)	(0.000,889)	(0.000,889)
實際產出（$\ln Q_{jit}$）				0.407***	0.407***	0.407***
				(0.000,789)	(0.000,789)	(0.000,789)
常數項	5.488***	5.490***	5.476***	3.512***	3.512***	3.495***
	(0.007,27)	(0.007,31)	(0.008,82)	(0.007,70)	(0.007,73)	(0.008,96)
企業固定效應	是	是	是	是	是	是
年份固定效應	是	是	是	是	是	是
樣本數	2,021,231	2,021,231	2,021,231	2,021,231	2,021,231	2,021,231
企業數	576,538	576,538	576,538	576,538	576,538	576,538
R^2	0.131	0.131	0.131	0.267	0.267	0.267

註：括號內報告的為標準差。***、**、* 分別表示在 1%、5% 和 10% 的水平上顯著。R^2 是控制了企業固定效應和年份固定效應的組內 R^2。為簡約空間，年份虛擬變量的估計系數沒有報告。

5.1.2 穩健性檢驗

5.1.2.1 貿易開放的另一種度量——行業平均關稅率

本書選取行業平均進口關稅率作為另一個衡量中國貿易開放的重要變量，分別計算簡單平均關稅率和加權平均關稅率。借鑑 Mitra 和 Shin（2011），本研究中利用關稅的滯后一期變量作為解釋變量，原因是關稅調整后，需要經過一段時間才能傳導給微觀企業，企業調整生產計劃同樣也需要時間。此外，加入關稅率與人均實際工資的交互項。模型形式為：

$$\ln L_{ijt} = \alpha_0 + \alpha_1 \ln w_{ijt} + \alpha_2 \ln r_{ijt} + \alpha_3 \ln TFP_{ijt} + \alpha_4 SimpleTariff_{jt-1} \\ + \alpha_5 \ln w_{ijt} \times SimpleTariff_{jt-1} + \delta_{ij} + \eta_t + \varepsilon_{ijt} \tag{5.1}$$

$$\ln L_{ijt} = \alpha_0 + \alpha_1 \ln w_{ijt} + \alpha_2 \ln r_{ijt} + \alpha_3 \ln TFP_{ijt} + \alpha_4 WeightedTariff_{jt-1} \\ + \alpha_5 \ln w_{ijt} \times WeightedTariff_{jt-1} + \delta_{ij} + \eta_t + \varepsilon_{ijt} \tag{5.2}$$

$$\ln L_{ijt} = \alpha_0 + \alpha_1 \ln w_{ijt} + \alpha_2 \ln r_{ijt} + \alpha_3 \ln TFP_{ijt} + \alpha_4 SimpleTariff_{jt-1} \\ + \alpha_5 \ln w_{ijt} \times SimpleTariff_{jt-1} + y_{ijt} + \delta_{ij} + \eta_t + \varepsilon_{ijt} \tag{5.3}$$

$$\ln L_{ijt} = \alpha_0 + \alpha_1 \ln w_{ijt} + \alpha_2 \ln r_{ijt} + \alpha_3 \ln TFP_{ijt} + \alpha_4 WeightedTariff_{jt-1} \\ + \alpha_5 \ln w_{ijt} \times WeightedTariff_{jt-1} + y_{ijt} + \delta_{ij} + \eta_t + \varepsilon_{ijt} \tag{5.4}$$

以上各式中，關稅率與人均實際工資的交互項的系數 α_5 的估計值是本研究最關注的，它表示關稅的變化對勞動需求彈性的影響。理論上，貿易開放表現為貿易開放政策下關稅水平的降低，由此導致國內企業面臨更大的外部風險以及國內勞動者將遭遇來自國外廉價中間投入要素的替代，勞動需求彈性將增大。因此，預計 $\hat{\alpha}_5$ 的符號為正。圖 5.1 與圖 5.2 分別為中國工業企業勞動需求量（$\ln L_{ijt}$）與關稅率滯后一期變量和人均實際工資交互項之間（$\ln w_{ijt} \times SimpleTariff_{jt-1}$ 和 $\ln w_{ijt} \times WeightedTariff_{jt-1}$）的散點圖，可以看到關稅和勞動需求彈性之間具有微弱的正相關關係。

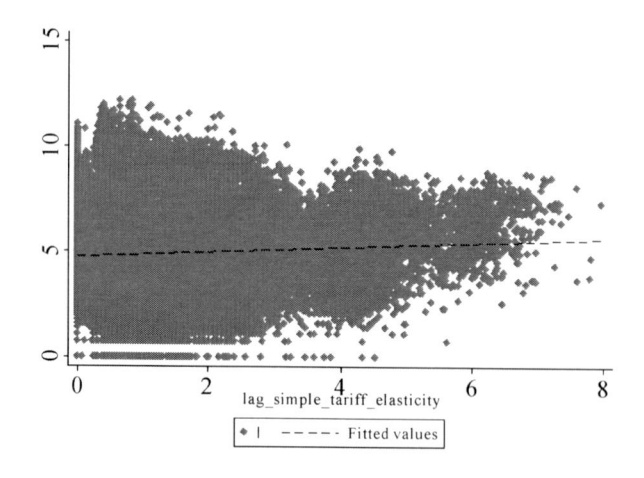

图 5.1 勞動需求量與簡單平均關稅率人均實際工資交互項散點圖

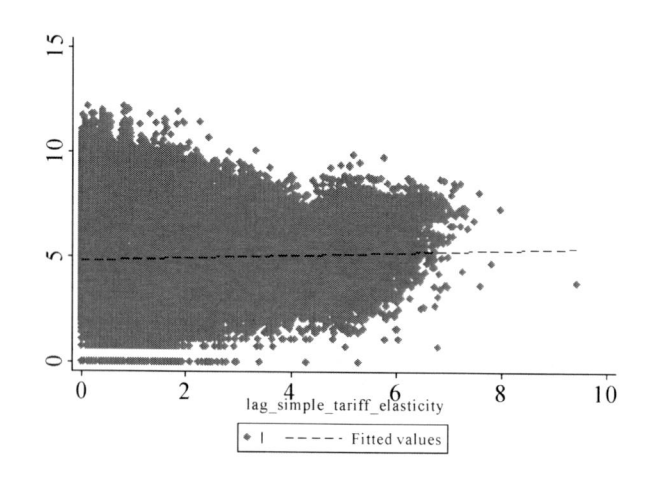

图 5.2 勞動需求量與加權平均關稅率人均實際工資交互項散點圖

分別對上述模型式（5.1）、式（5.2）、式（5.3）、式（5.4）進行 OLS 迴歸，迴歸結果分別匯報在表 5.3 中。實際工資（lnw_{ijt}）與實際資本價格（lnr_{ijt}）的估計係數的符號均顯著為負，且與文獻中所得出的數值吻合。重點關注的兩個交互項 $lnw_{ijt} \times SimpleTariff_{jt-1}$ 與 $lnw_{ijt} \times WeightedTariff_{jt-1}$ 係數符號為正，均在 1% 的水平上顯著，說明貿易開放政策（關稅降低）將會增大企業的勞動需求彈性，勞動者面臨更大的就業風險和就業波動。另外，迴歸的 R^2 約為 50%，該模型可以對貿易開放政策與勞動需求彈性之間的關係做出較好的解釋。

表 5.3　採用 OLS 方法、以關稅率為解釋變量的迴歸結果

因變量（$\ln L_{ijt}$）	產出可變				產出不變			
	(1)	(2)	(3)	(4)	(5)	(6)	(7)	(8)
實際工資（$\ln w_{ijt}$）	-0.373***	-0.385***	-0.417***	-0.410***	-0.384***	-0.395***	-0.437***	-0.428***
	(0.001,47)	(0.001,45)	(0.002,47)	(0.002,13)	(0.001,34)	(0.001,32)	(0.002,25)	(0.001,94)
實際資本價格（$\ln r_{ijt}$）	-0.420***	-0.421***	-0.420***	-0.421***	-0.196***	-0.197***	-0.196***	-0.197***
	(0.000,747)	(0.000,748)	(0.000,747)	(0.000,748)	(0.000,799)	(0.000,800)	(0.000,799)	(0.000,800)
全要素生產率（$\ln\mathrm{TFP}_{ijt}^{LP\_valueadded}$）	0.760***	0.760***	0.760***	0.760***	-0.017,6***	-0.018,2***	-0.017,6***	-0.018,2***
	(0.000,902)	(0.000,903)	(0.000,901)	(0.000,902)	(0.001,90)	(0.001,90)	(0.001,90)	(0.001,90)
簡單平均關稅率一階滯後項（SimpleTariff$_{jt-1}$）	2.241***		-0.787***		1.975***		-1.649***	
	(0.019,8)		(0.140)		(0.017,8)		(0.129)	
加權平均關稅率一階滯後項（WeightedTariff$_{jt-1}$）		1.508***		-0.427***		1.307***		-1.205***
		(0.015,5)		(0.122)		(0.014,1)		(0.112)
$\ln w_{ijt}\times$SimpleTariff$_{jt-1}$			0.340***				0.407***	
			(0.015,5)				(0.014,3)	
$\ln w_{ijt}\times$WeightedTariff$_{jt-1}$				0.218***				0.283***
				(0.013,6)				(0.012,4)
實際產出（$\ln Q_{ijt}$）					0.656***	0.656***	0.656***	0.657***
					(0.001,42)	(0.001,42)	(0.001,42)	(0.001,42)
常數項	3.563***	3.711***	3.962***	3.941***	2.449***	2.583***	2.926***	2.881***
	(0.015,8)	(0.015,6)	(0.024,2)	(0.021,2)	(0.014,7)	(0.014,5)	(0.022,2)	(0.019,5)
區域虛擬變量	是	是	是	是	是	是	是	是
產業虛擬變量	是	是	是	是	是	是	是	是
樣本數	1,397,321	1,397,321	1,397,321	1,397,321	1,397,321	1,397,321	1,397,321	1,397,321
R^2	0.482	0.481	0.482	0.481	0.581	0.580	0.581	0.580

註：括號內報告的為異方差穩健標準差。***、**、*分別表示在1%、5%和10%的水平上顯著。為節約空間，區域、產業、年份虛擬變量的估計係數沒有報告。

5.1.2.2 全要素生產率的其他計算方法

除了用增加值模型和LP方法計算全要素生產率以外,本書還採用其他方法計算了每個企業的TFP,用於穩健性檢驗。

一是利用總產值模型與LP方法計算$\ln TFP_{ijt}^{LP-output}$,仍以中間投入品作為工具變量,與用增加值模型所不同的是,生產函數中被解釋變量是真實總產出,被解釋變量包括中間投入、資本投入和勞動力投入。

二是利用總產值模型與OLS方法計算$\ln TFP_{ijt}^{OLS-output}$。其模型為:

$$\ln Q_{ijt} = \ln \pi_{ijt} + \beta_{mj} \ln M_{ijt} + \beta_{kj} \ln K_{ijt} + \beta_{lj} \ln L_{ijt} + \varepsilon_{ijt} \tag{5.5}$$

進而得到全要素生產率為:

$$\ln TFP_{ijt}^{OLS-output} = \ln \pi_{ijt} = \ln Q_{ijt} - \beta_{mj} \ln M_{ijt} - \beta_{kj} \ln K_{ijt} - \beta_{lj} \ln L_{ijt} - \varepsilon_{ijt} \tag{5.6}$$

式(5.6)中,Q_{ijt}為產業j中的企業i在年份t的真實總產出,M_{ijt}為企業i的真實中間投入品,K_{ijt}為企業i的真實資本投入,L_{ijt}為企業i的勞動力人數,ε_{ijt}為誤差項。β_{mj}、β_{kj}和β_{lj}分別為產業j的生產函數的中間投入、資本投入和勞動力投入的系數。

三是利用增加值模型與OLS方法計算$\ln TFP_{ijt}^{OLS-valueadded}$。其模型為:

$$\ln V_{ijt} = \ln \pi_{ijt} + \beta_{kj} \ln K_{ijt} + \beta_{lj} \ln L_{ijt} + \varepsilon_{ijt} \tag{5.7}$$

進而得到全要素生產率為:

$$\ln TFP_{ijt}^{OLS-valueadded} = \ln \pi_{ijt} = \ln V_{ijt} - \beta_{kj} \ln K_{ijt} - \beta_{lj} \ln L_{ijt} - \varepsilon_{ijt} \tag{5.8}$$

式(5.8)中,V_{ijt}是產業j中的企業i在年份t的真實增加值,其余變量與第二種方法中所表示的相同。

計算結果如表5.4、表5.5、表5.6所示。表5.4匯報了採用OLS方法,以進口滲透率和以上三種方法計算的全要素生產率為解釋變量的迴歸結果。表5.5匯報了採用固定效應模型,以進口滲透率和以上三種方法計算的全要素生產率為解釋變量的迴歸結果。表5.6匯報了採用OLS方法,以简單平均關稅率以及加權平均關稅率和以上三種方法計算的全要素生產率為解釋變量的迴歸結果。交互項$\ln w_{ijt} \times IMP_{jt}$的估計系數無論是在產出可變還是在產出不變情況下均為負,且絕大多數情形在1%的水平下顯著,與基準迴歸(表5.1、表5.2)得出的結果一致;關稅率與人均實際工資交互項$\ln w_{ijt} \times SimpleTariff_{jt-1}$和$\ln w_{ijt} \times WeightedTariff_{jt-1}$的估計系數的符號絕大多數顯著為正,與基準迴歸(表5.3)的結果一致。以上穩健性檢驗結果表明中國的貿易開放會顯著提高勞動需求彈性,加劇就業市場波動。

表 5.4　採用 OLS 方法，以進口滲透率和其他三種方法計算的全要素生產率為解釋變量的迴歸結果

因變量（$\ln L_{ijt}$）	產出可變			產出不變		
	(1)	(2)	(3)	(4)	(5)	(6)
實際工資（$\ln w_{ijt}$）	−0.136***	−0.000,144	0.059,5***	−0.345***	−0.228***	−0.353***
	(0.002,01)	(0.001,91)	(0.001,89)	(0.001,39)	(0.001,18)	(0.001,40)
實際資本價格（$\ln r_{ijt}$）	−0.272***	−0.200***	−0.146***	−0.171***	0.075,4***	−0.197***
	(0.000,859)	(0.000,873)	(0.000,707)	(0.000,535)	(0.000,576)	(0.000,531)
進口滲透率（IMP_{jt}）	0.610***	1.231***	1.270***	0.514***	0.338***	0.471***
	(0.051,8)	(0.057,3)	(0.057,6)	(0.041,8)	(0.036,2)	(0.042,0)
$\ln w_{ijt} \times IMP_{jt}$	−0.069,1***	−0.122***	−0.126***	−0.056,1***	−0.040,4***	−0.052,8***
	(0.005,32)	(0.005,88)	(0.005,91)	(0.004,29)	(0.003,73)	(0.004,31)
全要素生產率（$\ln TFP_{ijt}^{LP\_output}$）	1.361***			−0.191***		
	(0.006,27)			(0.002,94)		
全要素生產率（$\ln TFP_{ijt}^{OLS\_valueadded}$）		0.203***			−0.633***	
		(0.001,34)			(0.001,24)	
全要素生產率（$\ln TFP_{ijt}^{OLS\_output}$）			0.143***			0.028,7***
			(0.001,37)			(0.001,04)
實際產出（$\ln Q_{ijt}$）				0.680***	0.829***	0.642***
				(0.000,769)	(0.000,594)	(0.000,496)
常數項	2.190	2.051	1.826	2.368	1.898	2.381
			(55.30)	(32.40)	(71.75)	
區域虛擬變量	是	是	是	是	是	是
產業虛擬變量	是	是	是	是	是	是
年份虛擬變量	是	是	是	是	是	是
樣本數	2,021,231	2,021,231	2,021,231	2,021,231	2,021,231	2,021,231
R^2	0.286	0.119	0.111	0.581	0.673	0.579

註：括號內報告的為異方差穩健標準差。***、**、* 分別表示在 1%，5% 和 10% 的水平上顯著。為簡約空間，區域、產業、年份虛擬變量的估計係數沒有報告。

表 5.5 採用固定效應模型，以進口滲透率和其他三種方法計算的全要素生產率為解釋變量的迴歸結果

因變量 ($\ln L_{ijt}$)	產出可變			產出不變		
	(1)	(2)	(3)	(4)	(5)	(6)
實際工資 ($\ln w_{jt}$)	−0.208***	−0.168***	−0.200***	−0.264***	−0.194***	−0.261***
	(0.000,916)	(0.000,921)	(0.000,914)	(0.000,820)	(0.000,744)	(0.000,821)
實際資本價格 ($\ln r_{jt}$)	0.033,2***	0.151***	0.089,2***	−0.048,0***	0.162***	−0.036,0***
	(0.000,425)	(0.000,620)	(0.000,506)	(0.000,400)	(0.000,500)	(0.000,495)
進口滲透率 (IMP_{jt})	0.044,0	0.009,05	0.031,5	0.101***	0.009,32	0.087,6***
	(0.028,9)	(0.028,6)	(0.028,8)	(0.025,7)	(0.023,0)	(0.025,7)
$\ln w_{jt} \times IMP_{jt}$	−0.007,23**	−0.002,09	−0.003,79	−0.009,43***	−0.004,96**	−0.009,88***
	(0.003,05)	(0.003,02)	(0.003,05)	(0.002,72)	(0.002,43)	(0.002,72)
全要素生產率 ($\ln TFP_{jt}^{LP\_output}$)	0.094,9***			−0.054,8		
	(0.001,00)			(0.000,922)		
全要素生產率 ($\ln TFP_{jt}^{OLS\_valueadded}$)		−0.167***			−0.425***	
		(0.000,803)			(0.000,711)	
全要素生產率 ($\ln TFP_{jt}^{OLS\_output}$)			−0.086,6***			−0.038,2***
			(0.000,709)			(0.000,637)
實際產出 ($\ln Q_{jt}$)				0.390***	0.527***	0.375***
				(0.000,630)	(0.000,599)	(0.000,613)
常數項	6.411***	6.291***	6.569***	3.527***	1.479***	3.515***
	(0.008,63)	(0.008,42)	(0.008,36)	(0.008,98)	(0.008,71)	(0.008,97)
企業固定效應	是	是	是	是	是	是
年份固定效應	是	是	是	是	是	是
樣本數	2,021,231	2,021,231	2,021,231	2,021,231	2,021,231	2,021,231
企業數	0.073	0.095	0.077	0.267	0.411	0.267
R^2	576,538	576,538	576,538	576,538	576,538	576,538

註：括號內報告的為標準差。***、**、*分別表示在 1%、5% 和 10% 的水平上顯著。R^2 是控制了企業固定效應和年份固定效應的組內 R^2。為節約空間，年份虛擬變量的估計系數沒有報告。

表 5.6　採用 OLS 方法，以關稅率和其他三種方法計算的全要素生產率為解釋變量的迴歸結果

因變量（$\ln L_{it}$）	產出可變						產出不變					
	(1)	(2)	(3)	(4)	(5)	(6)	(7)	(8)	(9)	(10)	(11)	(12)
實際工資（$\ln w_{it}$）	-0.258***	-0.014.0***	0.037.4***	-0.226***	-0.009.11***	0.042.7***	-0.423***	-0.388***	-0.442***	-0.418***	-0.386***	-0.433***
	(0.003,35)	(0.003,18)	(0.003,18)	(0.002,89)	(0.002,69)	(0.002,70)	(0.002,24)	(0.001,98)	(0.002,25)	(0.001,92)	(0.001,70)	(0.001,94)
實際資本價格（$\ln r_{it}$）	-0.293***	-0.223***	-0.163***	-0.294***	-0.226***	-0.166***	-0.180***	0.040.9***	-0.212***	-0.181***	0.032.6***	-0.214***
	(0.001,06)	(0.001,07)	(0.000,886)	(0.001,06)	(0.001,07)	(0.000,886)	(0.000,664)	(0.000,703)	(0.000,652)	(0.000,665)	(0.000,703)	(0.000,652)
簡單平均關稅率一階滯后項（SimpleTariff$_{t-1}$）	-3.543***	1.016***	1.043***				-1.079***	-1.504***	-1.718***			
	(0.168)	(0.183)	(0.183)				(0.128)	(0.114)	(0.129)			
$\ln w_{it} \times$SimpleTariff	0.645***	0.028.0	0.081.9***				0.341***	0.617***	0.408***			
	(0.018,8)	(0.020,4)	(0.020,4)				(0.014,2)	(0.012,8)	(0.014,3)			
加權平均關稅率一階滯后項（WeightedTariff$_{t-1}$）				-1.561***	1.620***	1.574***				-0.877***	-1.551***	-1.248***
				(0.143)	(0.158)	(0.159)				(0.112)	(0.099,3)	(0.112)
$\ln w_{it} \times$WeightedTariff$_{t-1}$				0.340***	-0.100***	-0.055.5***				0.244***	0.475***	0.282***
				(0.015,9)	(0.017,7)	(0.017,8)				(0.012,4)	(0.011,1)	(0.012,5)
全要素生產率（$\ln TFP_{it}^{LP}$-output）	1.435***			1.433***			-0.224***			-0.226***		
	(0.007,69)			(0.007,68)			(0.003,74)			(0.003,75)		
全要素生產率（$\ln TFP_{it}^{OLS\_value added}$)		0.234***			0.239***			-0.589***			-0.575***	
		(0.001,61)			(0.001,60)			(0.001,46)			(0.001,45)	
全要素生產率（$\ln TFP_{it}^{OLS\_output}$)			0.173***			0.176***			0.041.1***			0.044.5***
			(0.001,73)			(0.001,73)			(0.001,29)			(0.001,29)
實際產出（$\ln Q_{it}$)							0.688***	0.816***	0.642***	0.689***	0.812***	0.642***
							(0.000,951)	(0.000,696)	(0.000,586)	(0.000,953)	(0.000,697)	(0.000,586)
常數項	5.307***	5.192***	4.642***	5.059***	5.179***	4.635***	2.701***	0.536***	3.007***	2.692***	0.633***	2.963***
	(0.029,6)	(0.031,9)	(0.031,9)	(0.025,8)	(0.027,9)	(0.027,8)	(0.022,3)	(0.020,7)	(0.022,2)	(0.019,6)	(0.018,5)	(0.019,5)
區域虛擬變量	是	是	是	是	是	是	是	是	是	是	是	是
產業虛擬變量	是	是	是	是	是	是	是	是	是	是	是	是
樣本數	1,397,321	1,397,321	1,397,321	1,397,321	1,397,321	1,397,321	1,397,321	1,397,321	1,397,321	1,397,321	1,397,321	1,397,321
R^2	0.295	0.120	0.110	0.293	0.120	0.109	0.584	0.663	0.582	0.582	0.659	0.580

註：括號內報告的為異方差穩健標準差。***、**、* 分別表示在 1%，5% 和 10% 的水平上顯著。為節約空間，區域、產業虛擬變量的估計係數沒有報告。

5.2　貿易開放對不同技術水平部門勞動需求彈性的影響

按照技術水平的高低，本研究將 35 個部門分為兩類：高技術產業部門與低技術產業部門。兩個部門的生產函數、勞動需求增長速度、勞動—資本投入比、勞動需求結構等存在明顯的差異，因此受到外部衝擊時對勞動力市場的影響也不相同。尤其是在中國現階段，大力發展高技術產業處於國家戰略首位，近年來呈現快速增長，所以有必要比較考察高技術產業與低技術產業在貿易開放中受到的不同影響。

本書採用兩種分類方法對高技術產業與低技術產業進行劃分，分別進行實證檢驗，以驗證結果的穩健性：

第一種是根據國家統計局編寫的《中國高技術產業統計年鑒》中高技術產業的分類目錄（以下簡寫為「高技術產業_ Yearbook」），高技術產業包括核燃料加工業，醫藥製造業，醫療儀器設備及器械製造業，航空航天器製造業，通信設備、計算機及其他電子設備製造業，儀器儀表製造業，公共軟件服務業等部門（對應的四位碼產業分類見附表），其他為低技術產業；

第二種是借鑑盛斌和牛蕊（2009）研究中對高技術產業的分類（以下簡寫為「高技術產業_ Sheng」）。具體地，高技術產業部門包括化學原料及化學製品製造業，醫藥製造業，化學纖維製造業，通用設備製造業，專用設備製造業，交通運輸設備製造業，電氣機械及器材製造業，通信設備、計算機及其他電子設備製造業，儀器儀表及文化、辦公用機械製造業，其他部門為低技術產業。

按照以上兩種分類標準，圖 5.3 與圖 5.4 是高技術產業與低技術產業勞動需求增長率的對比曲線圖。可以看到，近年來（2001—2007 年）高技術產業的勞動需求增長要快於低技術產業部門。例如，2007 年，依據「高技術產業_ Yearbook」分類，高技術產業的勞動需求較 2006 年增長 4.46%，而低技術產業的勞動需求增長則為 2.60%。

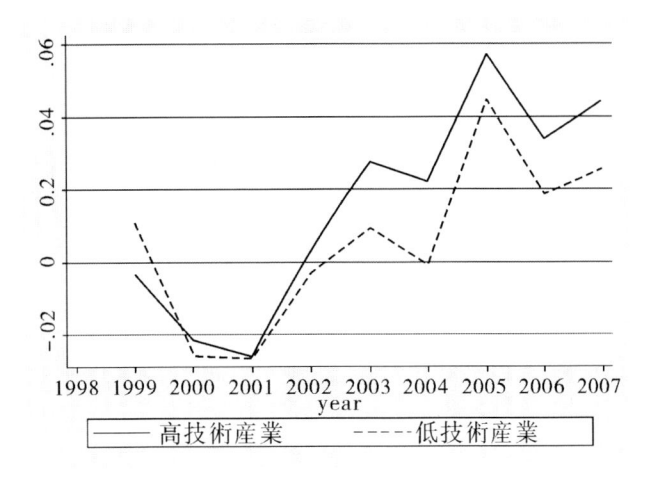

圖 5.3 高技術產業與低技術產業的勞動需求增長率（依據高技術產業_ Yearbook 分類）

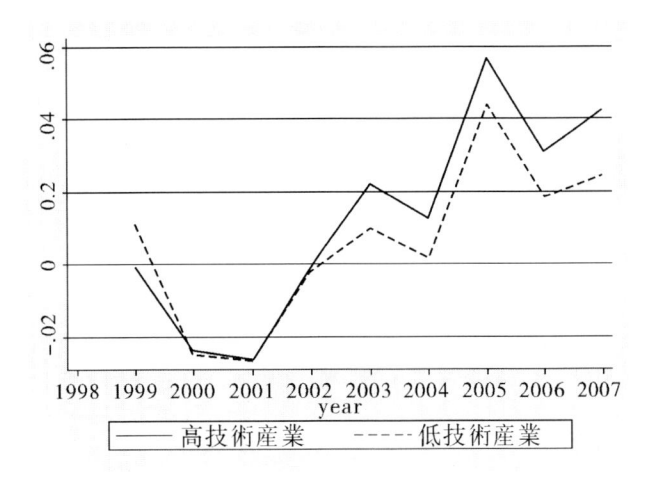

圖 5.4 高技術產業與低技術產業的勞動需求增長率（依據高技術產業_ Sheng 分類）

另外，比較高技術產業與低技術產業中不同教育層次員工的構成（見表5.7），可以發現高技術產業員工的教育層次平均高於低技術產業中的企業，尤其是本科和碩士及以上水平的員工。但是中國的高技術產業發展仍處於較低層次，初中及以下層次的員工幾乎占全部員工的 50%。

表5.7　　　　　高技術產業與低技術產業教育水平構成比例對比　　　單位:%

教育水平	高技術產業_ Yearbook 分類		高技術產業_ Sheng 分類	
	高技術	低技術	高技術	低技術
碩士及以上	0.68	0.23	0.67	0.18
本科	6.39	2.68	6.13	2.38
專科	11.41	7.53	11.25	7.16
高中	37.40	32.84	37.18	32.43
初中及以下	48.76	61.96	49.00	63.39

　　比較兩種分類下高技術產業和低技術產業的資本密集度（即投入資本與勞動力數量之比），如圖5.5和圖5.6所示。可以發現，雖然1998年以來，高技術產業和低技術產業的資本密集度呈現增大趨勢，但是明顯地，中國的高技術產業並不「高」，高技術產業的資本密集度要小於低技術產業，不符合「高技術產業是資本密集型產業」的一般規律。它說明現階段中國的高技術產業發展仍處於較低水平的現狀，目前中國的低技術產業仍然具有很強的比較優勢。

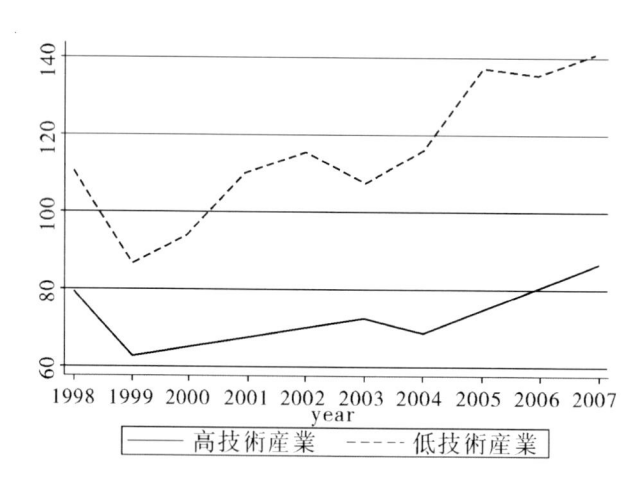

圖5.5　高技術產業與低技術產業的資本密集度對比（依據高技術產業_ Yearbook 分類)

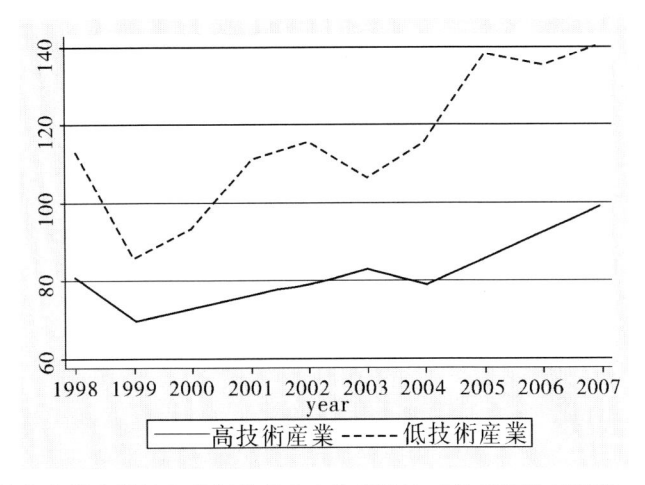

圖 5.6　高技術產業與低技術產業的資本密集度對比（依據高技術產業_ Sheng 分類）

5.2.1　依據高技術產業_ Yearbook 分類的實證結果

分別對按照高技術產業_ Yearbook 分類的高技術產業和低技術產業應用固定效應模型進行分析。迴歸結果匯報在表 5.8 中。結果顯示貿易開放對高技術產業的勞動需求彈性影響較大，且在 1% 水平上顯著，而低技術產業該交互項的系數比較小且在統計上不顯著。利用其他方法計算的全要素生產率作為解釋變量進行迴歸（限於篇幅，只將帶有產出約束的迴歸結果匯報在表 5.9 中），仍然得出相同的結論：貿易開放對高技術產業中的企業勞動需求彈性衝擊比較顯著，而對低技術企業的影響不顯著。

表 5.8　高技術產業_ Yearbook 分類的實證結果（LP 方法計算 TFP）

因變量（lnL_{ijt}）	高技術企業		低技術企業	
	產出可變	產出不變	產出可變	產出不變
	（1）	（2）	（3）	（4）
實際工資（lnw_{ijt}）	−0.237***	−0.260***	−0.239***	−0.258***
	(0.002,00)	(0.001,83)	(0.001,03)	(0.000,950)
實際資本價格（lnr_{ijt}）	−0.121***	−0.051,0***	−0.087,0***	−0.022,9***
	(0.001,11)	(0.001,04)	(0.000,699)	(0.000,662)
全要素生產率（$lnTFP_{ijt}^{LP\_valueadded}$）	0.278***	−0.018,3***	0.226***	−0.062,8***
	(0.001,39)	(0.001,65)	(0.000,890)	(0.001,06)

表5.8(續)

因變量（$\ln L_{ijt}$）	高技術企業		低技術企業	
	產出可變	產出不變	產出可變	產出不變
	（1）	（2）	（3）	（4）
進口滲透率（IMP_{jt}）	0.451***	0.428***	−0.125***	−0.082,1**
	（0.043,8）	（0.039,9）	（0.041,2）	（0.038,0）
$\ln w_{ijt} \times IMP_{jt}$	−0.045,8***	−0.039,5***	0.014,0***	0.003,06
	（0.004,56）	（0.004,16）	（0.004,42）	（0.004,07）
實際產出（$\ln Q_{ijt}$）		0.417***		0.401***
		（0.001,47）		（0.000,940）
常數項	5.285***	3.257***	5.547***	3.598***
	（0.019,5）	（0.019,2）	（0.010,2）	（0.010,4）
企業固定效應	是	是	是	是
年份固定效應	是	是	是	是
樣本數	558,089	558,089	1,463,142	1,463,142
企業數	160,803	160,803	428,202	428,202
R^2	0.159	0.301	0.121	0.253

註：括號內報告的為標準差。***、**、*分別表示在1%、5%和10%的水平上顯著。R^2是控制了企業固定效應和年份固定效應的組內R^2。為節約空間，年份虛擬變量的估計係數沒有報告。

表 5.9 高技術產業_ Yearbook 分類的實證結果（其他方法計算 TFP）

因變量（$\ln L_{ijt}$）	高技術企業 (1)	(2)	(3)	(4)	低技術企業 (5)	(6)
實際工資（$\ln w_{ijt}$）	-0.261*** (0.001,82)	-0.185*** (0.001,64)	-0.259*** (0.001,82)	-0.261*** (0.000,948)	-0.191*** (0.000,862)	-0.259*** (0.000,950)
實際資本價格（$\ln r_{ijt}$）	-0.054,5*** (0.000,737)	0.158*** (0.000,925)	-0.042,9*** (0.000,928)	-0.041,3*** (0.000,484)	0.168*** (0.000,597)	-0.030,7*** (0.000,588)
進口滲透率（IMP_{jt}）	0.447*** (0.039,9)	0.391*** (0.035,5)	0.419*** (0.039,9)	-0.067,5* (0.038,0)	0.010,4 (0.034,1)	-0.065,3* (0.038,0)
$\ln w_{ijt} \times IMP_{jt}$	-0.039,0*** (0.004,16)	-0.032,7*** (0.003,70)	-0.038,8*** (0.004,15)	0.003,64 (0.004,07)	-0.017,7*** (0.003,65)	0.001,87 (0.004,07)
實際產出（$\ln Q_{ijt}$）	0.412*** (0.001,16)	0.543*** (0.001,10)	0.403*** (0.001,14)	0.382*** (0.000,769)	0.519*** (0.000,718)	0.361*** (0.000,731)
全要素生產率（$\ln TFP_{ijt}^{LP\_output}$）	-0.037,6*** (0.001,48)			-0.083,0*** (0.001,34)		
全要素生產率（$\ln TFP_{ijt}^{OLS\_valueadded}$）		-0.418*** (0.001,29)			-0.431*** (0.000,854)	
全要素生產率（$\ln TFP_{ijt}^{OLS\_output}$）			-0.032,7*** (0.001,17)			-0.042,0*** (0.000,760)
常數項	3.276*** (0.019,2)	1.235*** (0.018,2)	3.267*** (0.019,2)	3.641*** (0.010,5)	1.532*** (0.010,2)	3.620*** (0.010,4)
企業固定效應	是	是	是	是	是	是
時間固定效應	是	是	是	是	是	是
樣本數	558,089	558,089	558,089	1,463,142	1,463,142	1,463,142
企業數	160,803	160,803	160,803	428,202	428,202	428,202
R^2	0.302	0.446	0.302	0.253	0.398	0.253

註：括號內報告的為標準差。***、**、*分別表示在 1%、5% 和 10% 的水平上顯著。R^2 是控制了企業固定效應和年份固定效應的組內 R^2。為節約空間，年份虛擬變量的估計系數沒有報告。

5.2.2 依據高技術產業_ Sheng 分類的實證結果

根據第二種部門分類方法,分別對高技術產業企業和低技術產業企業進行固定效應模型迴歸(見表 5.10 和表 5.11)。可以看到,貿易開放對高技術產業中的企業勞動需求彈性衝擊比較顯著,而對低技術企業的影響不顯著的實證結論具有良好的穩健性。表 5.10 和表 5.11 中匯報的交互項 $lnw_{ijt} \times IMP_{jt}$ 的系數,對高技術企業表現穩定且顯著,而對低技術企業來講符號不穩定,統計意義上也不顯著。

本書分析,可能的原因是中國的高技術產業在國際市場上不具備競爭優勢,當低廉的國外高技術最終產品或者中間產品進口到中國後,國內的高技術產業部門的生產規模會受到影響,中間產品也將對勞動力產生替代,因此高技術產業部門勞動力的就業波動和風險更大。而低技術產業部分產品具有國際競爭優勢,如飲料製造業。就中國現狀而言,以雇傭不熟練勞動力為主的勞動密集型產業,受到貿易開放衝擊後,原先低廉的勞動力相比於進口的中間品來說,仍具有成本優勢,不會被國外的中間投入要素替代,因此這些部門勞動者的就業風險受到貿易開放衝擊的影響會較小。

表 5.10　高技術產業_ Sheng 分類的實證結果(LP 方法計算 TFP)

因變量(lnL_{ijt})	高技術企業 產出可變 (1)	高技術企業 產出不變 (2)	低技術企業 產出可變 (3)	低技術企業 產出不變 (4)
實際工資(lnw_{ijt})	−0.225*** (0.001,89)	−0.249*** (0.001,73)	−0.241*** (0.001,04)	−0.261*** (0.000,964)
實際資本價格(lnr_{ijt})	−0.121*** (0.000,979)	−0.052,4*** (0.000,923)	−0.083,1*** (0.000,743)	−0.018,6*** (0.000,703)
全要素生產率($lnTFP_{ijt}^{LP\_valueadded}$)	0.271*** (0.001,23)	−0.015,5*** (0.001,45)	0.224*** (0.000,948)	−0.070,2*** (0.001,14)
進口滲透率(IMP_{jt})	0.529*** (0.042,7)	0.509*** (0.039,1)	−0.157*** (0.046,9)	−0.163*** (0.043,2)
$lnw_{ijt} \times IMP_{jt}$	−0.053,5*** (0.004,45)	−0.047,6*** (0.004,08)	0.016,8*** (0.004,99)	0.008,40* (0.004,60)
實際產出(lnQ_{ijt})		0.406*** (0.001,30)		0.405*** (0.000,998)

表5.10(續)

因變量（lnL_{ijt}）	高技術企業		低技術企業	
	產出可變	產出不變	產出可變	產出不變
	（1）	（2）	（3）	（4）
常數項	5.155***	3.178***	5.609***	3.654***
	(0.018,4)	(0.018,0)	(0.010,4)	(0.010,7)
企業固定效應	是	是	是	是
年份固定效應	是	是	是	是
樣本數	709,839	709,839	1,311,392	1,311,392
企業數	204,279	204,279	387,912	387,912
R^2	0.152	0.288	0.121	0.254

註：括號內報告的為標準差。***、**、*分別表示在1%、5%和10%的水平上顯著。R^2是控制了企業固定效應和年份固定效應的組內R^2。為節約空間，年份虛擬變量的估計系數沒有報告。

表 5.11 高技術產業_Sheng 分類的實證結果（其他方法計算 TFP）

因變量（lnI_{ijt}）	高技術企業 (1)	(2)	(3)	(4)	低技術企業 (5)	(6)
實際工資（lnw_{ijt}）	−0.250*** (0.001,73)	−0.180*** (0.001,56)	−0.248*** (0.001,73)	−0.264*** (0.000,961)	−0.193*** (0.000,873)	−0.262*** (0.000,963)
實際資本價格（lnr_{ijt}）	−0.054,7*** (0.000,652)	0.155*** (0.000,826)	−0.045,2*** (0.000,819)	−0.039,0*** (0.000,517)	0.171*** (0.000,631)	−0.028,1*** (0.000,625)
進口滲透率（IMP_{jt}）	0.522*** (0.039,1)	0.495*** (0.035,0)	0.503*** (0.039,1)	−0.142*** (0.043,2)	−0.123*** (0.038,7)	−0.138*** (0.043,2)
lnw_{ijt}×IMP_{jt}	−0.046,6*** (0.004,07)	−0.042,9*** (0.003,65)	−0.047,1*** (0.004,07)	0.007,03 (0.004,60)	−0.005,62 (0.004,12)	0.006,72 (0.004,60)
實際產出（lnQ_{jt}）	0.404*** (0.001,04)	0.534*** (0.000,984)	0.394*** (0.001,02)	0.383*** (0.000,816)	0.522*** (0.000,760)	0.360*** (0.000,776)
全要素生產率（lnTFP_{ijt}^{LP_output}）	−0.039,0*** (0.001,40)			−0.091,8*** (0.001,46)		
全要素生產率（lnTFP_{ijt}^{OLS_valueadded}）		−0.410*** (0.001,16)			−0.438*** (0.000,907)	
全要素生產率（lnTFP_{ijt}^{OLS_output}）			−0.028,4*** (0.001,04)			−0.045,3*** (0.000,809)
常數項	3.199*** (0.018,0)	1.207*** (0.017,1)	3.189*** (0.018,0)	3.701*** (0.010,8)	1.558*** (0.010,5)	3.678*** (0.010,7)
企業固定效應	是	是	是	是	是	是
時間固定效應	是	是	是	是	是	是
樣本數	709,839	709,839	709,839	1,311,392	1,311,392	1,311,392
企業數	204,279	204,279	204,279	387,912	387,912	387,912
R^2	0.289	0.430	0.289	0.254	0.402	0.253

註：括號內報告的為標準差。***、**、*分別表示在 1%、5% 和 10% 的水平上顯著。R^2 是控制了企業固定效應和年份固定效應的組內 R^2。為節約空間，年份虛擬變量的估計系數沒有報告。

5.3 貿易開放對不同區域勞動需求彈性的影響

在這一部分將進一步擴展到貿易開放對中國不同區域企業勞動需求彈性影響的分析。一般地，按照區位，將中國劃分為東部、中部、西部三個地理位置、經濟特徵、政策變量方面均存在巨大差異的區域。其中，東部包括北京、天津、河北、遼寧、山東、上海、江蘇、浙江、福建、廣東、海南、廣西12個省（市），中部包括山西、內蒙古、吉林、黑龍江、安徽、江西、河南、湖北、湖南9個省（自治區），西部包括四川、重慶、貴州、雲南、西藏、陝西、甘肅、寧夏、青海、新疆10個省（市、自治區）。1998—2007年中國東、中、西部企業數量對比如圖5.7所示。

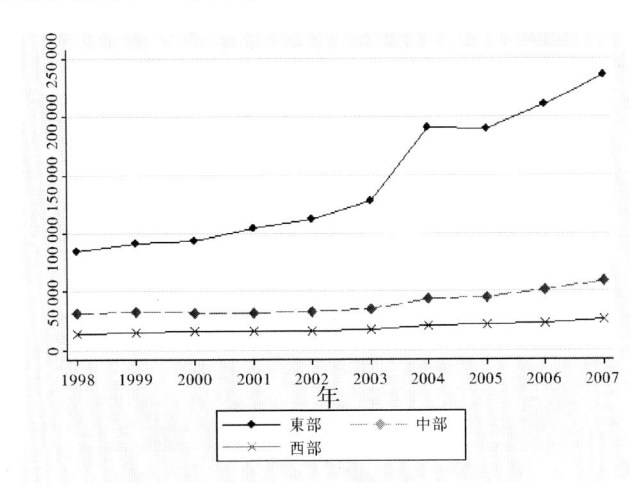

圖5.7 1998—2007年中國東、中、西部企業數量對比（單位：個）

對三個區域的企業樣本分別進行迴歸，結果匯報在表5.12、表5.13、表5.14中。$\ln\text{TFP}_{ijt}^{\text{LP\_valueadded}}$、$\ln\text{TFP}_{ijt}^{\text{LP\_output}}$、$\ln\text{TFP}_{ijt}^{\text{OLS\_valueadded}}$、$\ln\text{TFP}_{ijt}^{\text{OLS\_output}}$分別進入迴歸方程。對東部企業而言，交互項$\ln w_{ijt} \times \text{IMP}_{jt}$的系數在產出可變時顯著為正，而在加入產出約束時所有的估計系數均不顯著，也就是說東部省份的企業的勞動者受到貿易開放的負向衝擊比較小，甚至為正；從中部和西部區域企業來看，無論是在產出可變還是在產出不變情形下，均在1%的水平上顯著為負。以上結果意味著貿易開放過程中，中部和西部省份的勞動者所面臨的就業風險比較大，尤其是西部省份更為嚴重，若行業進口滲透率提高0.10，將會增加

勞動需求彈性 0.9%，而中部省份企業的勞動需求彈性會增加 0.2%。

  本書認為，沿海、比較發達、開放程度較高的省份或地區的勞動需求彈性受到貿易開放的衝擊較小甚至為正。分析其原因，可能是以上省份在產業發展過程中建立起了比較規範的用工制度以及較為雄厚的經濟實力足以抵禦外來風險。

表 5.12 貿易開放對東部地區企業勞動需求彈性的影響

因變量（$\ln L_{ijt}$）	產出可變					產出不變		
	(1)	(2)	(3)	(4)	(5)	(6)	(7)	(8)
實際工資（$\ln w_{ijt}$）	-0.252***	-0.219***	-0.177***	-0.210***	-0.270***	-0.273***	-0.198***	-0.270***
	(0.001,10)	(0.001,13)	(0.001,14)	(0.001,13)	(0.001,01)	(0.001,01)	(0.000,918)	(0.001,01)
實際資本價格（$\ln r_{ijt}$）	-0.098,1***	0.037,5***	0.157***	0.093,6***	-0.029,9***	-0.042,7***	0.171***	-0.032,1***
	(0.000,706)	(0.000,508)	(0.000,747)	(0.000,615)	(0.000,664)	(0.000,474)	(0.000,601)	(0.000,595)
進口滲透率（IMP_{jt}）	-0.076,1**	-0.099,7***	-0.136***	-0.118***	0.020,6	0.017,8	-0.012,4	0.012,1
	(0.034,3)	(0.035,5)	(0.035,0)	(0.035,4)	(0.031,4)	(0.031,4)	(0.028,2)	(0.031,4)
$\ln w_{ijt} \times IMP_{jt}$	0.007,00*	0.009,14**	0.013,2***	0.012,1***	-0.001,13	-0.000,122	-0.001,58	-0.000,766
	(0.003,60)	(0.003,72)	(0.003,68)	(0.003,72)	(0.003,30)	(0.003,30)	(0.002,96)	(0.003,30)
全要素生產率（$\ln TFP_{ijt}^{LP\_valueadded}$）	0.251***				-0.041,8***			
	(0.000,896)				(0.001,05)			
全要素生產率（$\ln TFP_{ijt}^{LP\_output}$）		0.096,8***				-0.053,6***		
		(0.001,18)				(0.001,08)		
全要素生產率（$\ln TFP_{ijt}^{OLS\_valueadded}$）			-0.172***				-0.428***	
			(0.000,971)				(0.000,852)	
全要素生產率（$\ln TFP_{ijt}^{OLS\_output}$）				-0.086,8***				-0.034,4***
				(0.000,863)				(0.000,772)
實際產出（$\ln Q_{ijt}$）					0.419***	0.406***	0.540***	0.392***
					(0.000,937)	(0.000,758)	(0.000,717)	(0.000,738)
常數項	5.470***	6.425***	6.278***	6.576***	3.323***	3.356***	1.253***	3.340***
	(0.011,0)	(0.010,8)	(0.010,6)	(0.010,5)	(0.011,1)	(0.011,1)	(0.010,8)	(0.011,1)
企業固定效應	是	是	是	是	是	是	是	是
年份固定效應	是	是	是	是	是	是	是	是
樣本值	1,438,747	1,438,747	1,438,747	1,438,747	1,438,747	1,438,747	1,438,747	1,438,747
企業數	401,767	401,767	401,767	401,767	401,767	401,767	401,767	401,767
R^2	0.137	0.077	0.098	0.080	0.276	0.277	0.417	0.276

表 5.13 貿易開放對中部地區企業勞動需求彈性的影響

因變量（$\ln L_{ijt}$）	產出可變					產出不變		
	(1)	(2)	(3)	(4)	(5)	(6)	(7)	(8)
實際工資（$\ln w_{ijt}$）	-0.209***	-0.181***	-0.145***	-0.178***	-0.233***	-0.237***	-0.175***	-0.234***
	(0.001,82)	(0.001,85)	(0.001,86)	(0.001,85)	(0.001,69)	(0.001,69)	(0.001,51)	(0.001,69)
實際資本價格（$\ln r_{ijt}$）	-0.095,4***	0.022,7***	0.141***	0.073,2***	-0.035,8***	-0.059,8***	0.151***	-0.044,3***
	(0.001,31)	(0.000,953)	(0.001,35)	(0.001,07)	(0.001,25)	(0.000,926)	(0.001,10)	(0.001,09)
進口滲透率（IMP_{jt}）	0.222***	0.231***	0.192***	0.209***	0.141***	0.149***	-0.012,0	0.133**
	(0.057,4)	(0.059,1)	(0.058,2)	(0.058,8)	(0.053,4)	(0.053,5)	(0.047,2)	(0.053,4)
$\ln w_{ijt} \times IMP_{jt}$	-0.026,1***	-0.030,1***	-0.022,1***	-0.023,8***	-0.018,6***	-0.016,2***	-0.006,15	-0.018,3***
	(0.006,21)	(0.006,39)	(0.006,29)	(0.006,37)	(0.005,78)	(0.005,79)	(0.005,11)	(0.005,78)
全要素生產率（$\ln TFP_{jt}^{LP\_valueadded}$）	0.218***				-0.074,6***			
	(0.001,67)				(0.002,11)			
全要素生產率（$\ln TFP_{jt}^{LP\_output}$）		0.073,3***				-0.055,1***		
		(0.002,26)				(0.002,12)		
全要素生產率（$\ln TFP_{jt}^{OLS\_valueadded}$）			-0.173***				-0.449***	
			(0.001,75)				(0.001,60)	
全要素生產率（$\ln TFP_{jt}^{OLS\_output}$）				-0.084,2***				-0.048,9***
				(0.001,50)				(0.001,37)
實際產出（$\ln Q_{ijt}$）					0.381***	0.346***	0.512***	0.332***
					(0.001,85)	(0.001,41)	(0.001,36)	(0.001,37)
常數項	5.502***	6.392***	6.266***	6.533***	3.859***	3.897***	1.742***	3.891***
	(0.017,9)	(0.017,1)	(0.016,4)	(0.016,4)	(0.018,4)	(0.018,5)	(0.017,9)	(0.018,5)
企業固定效應	是	是	是	是	是	是	是	是
年份固定效應	是	是	是	是	是	是	是	是
樣本值	396,179	396,179	396,179	396,179	396,179	396,179	396,179	396,179
企業數	121,657	121,657	121,657	121,657	121,657	121,657	121,657	121,657
R^2	0.124	0.073	0.102	0.080	0.242	0.240	0.408	0.242

表 5.14 貿易開放對西部地區企業勞動需求彈性的影響

因變量（$\ln L_{ijt}$）	(1)	(2)	(3)	(4)	(5)	(6)	(7)	(8)
	產出可變						產出不變	
實際工資（$\ln w_{ijt}$）	-0.209***	-0.175***	-0.143***	-0.168***	-0.241***	-0.244***	-0.190***	-0.241***
	(0.002,75)	(0.002,83)	(0.002,86)	(0.002,82)	(0.002,51)	(0.002,50)	(0.002,29)	(0.002,50)
實際資本價格（$\ln r_{ijt}$）	-0.108***	0.021,2***	0.127***	0.088,8***	-0.047,1***	-0.059,6***	0.123***	-0.048,1***
	(0.001,82)	(0.001,32)	(0.001,91)	(0.001,55)	(0.001,69)	(0.001,23)	(0.001,53)	(0.001,53)
進口滲透率（IMP_{jt}）	0.903***	0.858***	0.845***	0.905***	0.849***	0.875***	0.593***	0.843***
	(0.089,9)	(0.093,2)	(0.092,8)	(0.093,2)	(0.081,8)	(0.081,8)	(0.074,1)	(0.081,7)
$\ln w_{ijt} \times IMP_{jt}$	-0.090,7***	-0.094,5***	-0.083,8***	-0.089,9***	-0.085,5***	-0.084,3***	-0.061,6***	-0.085,1***
	(0.009,61)	(0.009,96)	(0.009,92)	(0.009,96)	(0.008,74)	(0.008,74)	(0.007,92)	(0.008,74)
全要素生產率（$\ln TFP_{ijt}^{LP\_valueadded}$）	0.243***				-0.042,2			
	(0.002,25)				(0.002,66)			
全要素生產率（$\ln TFP_{ijt}^{LP\_output}$）		0.137***				-0.054,0***		
		(0.003,35)				(0.003,09)		
全要素生產率（$\ln TFP_{ijt}^{OLS\_valueadded}$）			-0.127***				-0.362***	
			(0.002,42)				(0.002,11)	

表5.14（續）

因變量（$\ln L_{jit}$）	產出可變				產出不變			
	(1)	(2)	(3)	(4)	(5)	(6)	(7)	(8)
全要素生產率（$\ln TFP_{jit}^{OLS\_output}$）				−0.088.0***				−0.036.0***
				(0.002,17)				(0.001,92)
實際產出（$\ln Q_{jit}$）					0.389***	0.376***	0.488***	0.361***
					(0.002,33)	(0.001,88)	(0.001,77)	(0.001,81)
常數項	5.425***	6.275***	6.351***	6.542***	3.723***	3.739***	2.211***	3.747***
	(0.026,5)	(0.026,1)	(0.025,4)	(0.025,2)	(0.026,1)	(0.026,2)	(0.025,2)	(0.026,2)
企業固定效應	是	是	是	是	是	是	是	是
年份固定效應	是	是	是	是	是	是	是	是
樣本值	186,305	186,305	186,305	186,305	186,305	186,305	186,305	186,305
企業數	53,157	53,157	53,157	53,157	53,157	53,157	53,157	53,157
R^2	0.147	0.084	0.091	0.083	0.295	0.295	0.421	0.295

註：括號內報告的為標準差。***、**、*分別表示在1%、5%和10%的水平上顯著。R^2是控制了企業固定效應和年份固定效應的組內R^2。年份虛擬變量的估計系數沒有報告。

5.4 小結

本部分應用中國工業企業數據庫實證檢驗了理論假設「貿易開放將提高勞動需求彈性」，並給出了多種穩健性檢驗，如分別運用 OLS 方法與固定效應模型進行迴歸，分別選取進口滲透率、簡單平均關稅率、加權平均關稅率作為貿易開放的代理變量，採用四種方法計算企業的全要素生產率，並詳細考察了中國國情下的產業特徵和區域特徵對兩者關係的影響。該章節得出了以下幾個穩健的結論：

（1）中國的貿易開放增加了企業的勞動需求彈性，進口滲透率的上升和關稅稅率的不斷降低增大了勞動力市場的波動。

（2）中國工業企業的勞動需求彈性為 -0.360～-0.240，意味著外生衝擊致使工資上升（或降低）1%時，企業勞動需求將減少（或增加）0.342%～0.360%，符合文獻中提出的勞動需求彈性應在 -0.15～-0.75 區間內的判斷。

（3）貿易開放對高技術產業中的企業勞動需求彈性衝擊比較顯著，而對低技術企業的影響不顯著，且該結論具有穩健性。它表明在高技術企業就業的勞動者面臨更大的就業風險。

（4）區域方面，貿易開放過程中，中部和西部省份的勞動者所面臨的就業風險比較大，尤其是西部省份更為嚴重，若行業進口滲透率提高 0.10，將會增加勞動需求彈性 0.9%，而中部省份企業的勞動需求彈性會增加 0.2%。東部沿海省份的勞動需求彈性受到貿易開放的衝擊較小甚至為正。

6 企業異質性對勞動需求彈性的影響

第五章中的基本迴歸檢驗了貿易開放對中國企業勞動需求彈性的平均影響，但是考慮到現有文獻尚未對這兩者關係得出統一的結論（見第二章文獻綜述部分），本書認為其原因可能是沒有考慮「依狀況」而變化的情形，即不同特質的企業和不同特質的勞動者在貿易開放進程中勞動需求彈性的變化並不一致。因此，有必要檢驗企業異質性（Heterogeneity）在貿易開放與勞動需求彈性關係中的作用。在該部分，將檢驗具有不同特徵的企業在面臨貿易開放衝擊時，其就業需求的穩定性、勞動需求彈性受到的影響有何不同。本章重點討論企業出口行為、所有權性質、企業工會發展情況、性別差異、技術差異對這兩者關係的影響。

6.1 非線性研究與企業異質性

6.1.1 非線性經濟學

非線性研究與線性研究相對應。線性，即兩個變量之間可以用二維坐標系中的一段直線表示的一種關係，如簡單的正比關係和反比關係。但是經濟現象具有複雜多變性，僅用線性理念和線性研究方法不能對某種經濟現象做出合理的解釋，有時甚至會做出錯誤的推導和判定。例如，研究外資併購（Cross-Border Merger and Acquisition）對本土企業的生產率溢出效應，如果通過線性計量模型來估計外資併購對所有本土企業一個平均的溢出效應，由此得出簡單的正效應或者負效應，容易產生不穩定的結論，符號會因來自不同國家、行業、區域和具有不同經濟特徵的企業樣本而不同。例如 Aitkin 和 Harrison（1999）利用委內瑞拉公司層面數據驗證了外資進入對 TFP 的增長具有正向作用；Conyon 等（2002）對 1989—1994 年英國被併購企業的勞動生產率進行研究發現，被外國資本併購后的企業勞動生產率平均提升 13%；而 Harris 和 Robinson（2002）運用 1987—1992 年英國工廠層面數據和系統 GMM 方法研究認為併購后短期內企業生產率會降低。因此，分析這種經濟效應在哪些條件下為正，哪些條件下為負，使得研究更為深入細緻，更為科學，也更有現實意義。

注意到經濟現象之間非線性關係存在的普遍性，「以探索經濟系統非線性機制及其規律為目標的非線性經濟學已成為現代經濟學前沿，非線性經濟學為整個經濟學研究提供了新思路、新視角」（張永安、湛墾華，1996）。非線性經濟學，是在經濟建模中充分考慮經濟現象的非線性相互作用，在分析模型時充分利用非線性動力學的分叉、分形和混沌等理論與方法，分析經濟系統的動態行為，以期產生新的經濟概念、新的經濟思想、新的經濟分析方法，解釋新的經濟規律，最終得到新的經濟規律。

6.1.2 企業異質性

在微觀實證領域，企業異質性是導致非線性關係產生的重要原因之一，企業自身在各變量上的差異會導致同樣的經濟政策（例如降低關稅、引進外商直接投資等）產生不均衡的效果。從總體來看，企業異質性主要表現為企業（或工廠）的全要素生產率、規模、產品質量以及工人技能方面的差異（柴忠東、施慧家，2008）。企業異質性導致非線性的研究領域涉及社會科學的很多方面，例如張翼和馬光（2005）實證分析了公司治理結構與公司醜聞之間的關係，發現一省法院受理的經濟訴訟案件的數量與當地公司發生醜聞的可能性之間有非線性關係，即隨著一省法院受理的經濟訴訟數量的增加，當地公司發生醜聞的可能性升高；但是當法院受理的經濟訴訟案件數量達到一定水平的時候，當地公司發生醜聞的可能性會下降。劉志彪和張杰（2009）研究發現，企業規模和出口密集度之間呈現出 U 形非線性關係。

企業異質性因素在國際貿易研究領域中很早便引起了學者的關注，例如 Bernard 和 Jensen（1995）對比了美國製造業出口企業與非出口企業的行為，發現只有很少一部分企業從事出口，且出口企業在很多方面與非出口企業呈現差異：出口企業通常規模更大，生產率更高，工資也更高，熟練勞動力的比重更大。Clerides 等（1998）對哥倫比亞、墨西哥和摩洛哥的出口企業的分析也得出了類似的結論。但其比較規範的模型化應用是在 2003 年，Melitz 首次通過建立異質企業模型，研究決定企業出口決策的因素以及進入國際市場的方式存在差異的原因。

6.1.3 研究企業異質性可以提供有價值的參考

微觀企業數據庫的開發和易於獲得，使研究能夠深入到企業層面的變量進

行分析，充分考察「依狀況」而變化的情形，更貼近現實狀況，得出的結論也更具有實踐意義。對企業異質性的研究可以檢驗某種經濟效應的發揮依賴於什麼樣的條件，從而可以為達到這種經濟效應的政策分析提供有價值的參考。

6.2 貿易開放、出口與勞動需求彈性

6.2.1 理論基礎

在第二章的文獻綜述部分總結了國際上對出口與勞動需求彈性之間的關係的相關文獻，相較於其他國際合作方式，出口對勞動需求彈性的影響的理論分析以及實證檢驗仍比較少。Mitra 和 Shin（2011）通過模型推導出出口增大勞動需求彈性的前提可能包括：①出口目的國市場廣闊，可容納大量的生產同類型產品的企業，本國產品面臨激烈的競爭，被替代的風險較大；②出口目的國（地區）人均收入較低，本國出口產品對本國來講是必需品，而對於夥伴國來說則是奢侈品，這種情形下產品需求更富有彈性。

就中國出口貿易的現實狀況來講，2009 年中國十大出口目的國（地區）中除印度外，均是發達國家和地區（見表 6.1），如美國、中國香港、日本。中國出口到以上三個國家（地區）的貿易額占出口總額的 40.5%，這些國家（地區）的人均收入（選取人均國民收入指標，gross national income per capita[①]，簡稱 GNI）都要高於中國 2009 年的 3,620 美元。中國出口的產品多為勞動密集型的低附加值產品，而且在世界範圍內，中國具有明顯的勞動力成本低廉的比較優勢，均不滿足 Mitra 和 Shin（2011）提出的兩個條件。因此，我們初步預計中國出口企業的勞動需求彈性至少是不會增大的。

表 6.1　2009 年中國十大出口目的國（地區）的出口額及人均收入

國家（地區）	中國出口額 （億美元）	占出口總額比重 （%）	人均 GNI （美元當年價）
美國	2,208.022	18.38	45,820
中國香港	1,662.286	13.83	31,410
日本	978.676,6	8.14	37,520

---

① 該指標用 Atlas Method 進行計算，即匯率採用連續三年的平均匯率，以平滑匯率波動的影響。該指標以美元當年價為單位。

表6.1(續)

國家（地區）	中國出口額（億美元）	占出口總額比重（%）	人均 GNI（美元當年價）
韓國	536.697,2	4.47	19,830
德國	499.163,8	4.15	42,400
荷蘭	366.839,1	3.05	48,530
英國	312.779,4	2.60	41,080
新加坡	300.519,4	2.50	35,810
印度	296.560,4	2.47	1,220
法國	214.600,6	1.79	42,530

[數據來源] 貿易數據來源於《中國統計年鑒2010》；人均 GNI 數據來源於世界銀行數據庫（http://data.worldbank.org/）。

6.2.2 模型與變量設定

本書設置出口虛擬變量 exportdummy$_{ijt}$，即企業 i 在 t 年出口額大於 0 時，則 exportdummy$_{ijt}$ = 1；反之，exportdummy$_{ijt}$ = 0。另外，加入出口虛擬變量 exportdummy$_{ijt}$ 與人均實際工資的交互項 lnw$_{ijt}$×exportdummy$_{jt}$。要估計的模型為：

$$\ln L_{ijt} = \alpha_0 + \alpha_1 \ln w_{ijt} + \alpha_2 \ln r_{ijt} + \alpha_3 \ln TFP_{ijt} + \alpha_4 IMP_{jt}$$
$$+ \alpha_5 \ln w_{ijt} \times IMP_{jt} + \alpha_6 exportdummy_{ijt} + \alpha_7 \ln w_{ijt} \times exportdummy_{ijt}$$
$$+ \delta_{ij} + \eta_t + \varepsilon_{ijt} \quad (6.1)$$

作為穩健性檢驗，本研究將分別對出口企業樣本與非出口企業樣本應用固定效應模型進行迴歸。

6.2.3 數據描述

本書利用中國工業企業數據庫，計算了出口企業的出口強度（Export Intensity）。出口強度由企業當年的出口額除以銷售額計算得出。圖6.1描繪了中國出口企業出口強度的分佈情況，可以看到，約18%的出口企業選擇將生產的產品全部出口。

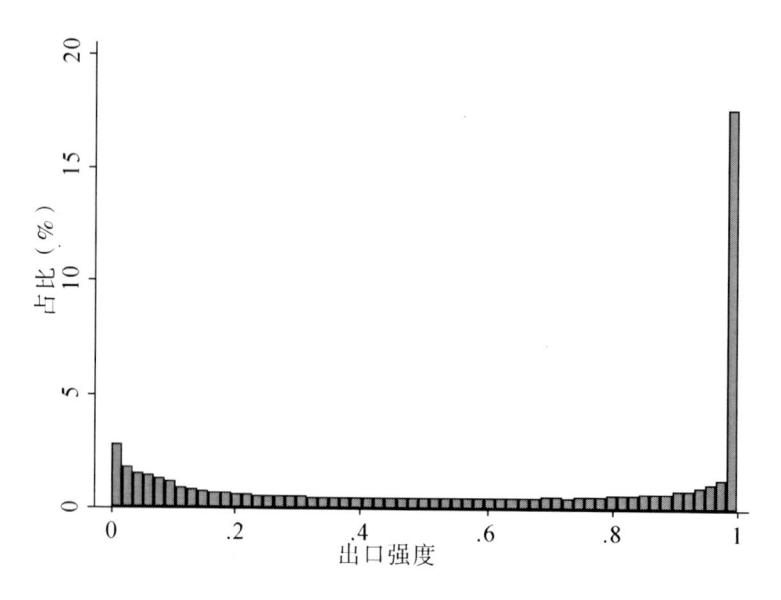

圖 6.1　出口企業的出口強度分佈

為了比較出口企業與非出口企業的差異，表 6.2 報告了出口企業與非出口企業一些主要變量的統計值。其中，出口企業的規模（如勞動力數量）、工資、全要素生產率（四個 TFP 變量）、所在行業的平均進口滲透率均高於非出口企業。出口企業與非出口企業在很多方面都存在差異，本書將進一步通過計量模型檢驗出口行為對企業勞動需求彈性的影響。

表 6.2　　　　出口企業與非出口企業主要變量描述性統計

變量名稱	樣本值	均值	標準差	最小值	最大值
面板 A：出口企業（exportdummy$_{ijt}$ = 1）					
實際工資（lnw_{ijt}）	510,657	9.366,359	0.644,907	0.500,924	17.021,75
實際資本價格（lnr_{ijt}）	510,657	0.353,726	1.339,047	−12.004	11.035,4
實際產出（lnQ_{ijt}）	510,657	10.495,83	1.364,192	1.652,673	19.084,18
勞動力（lnL_{ijt}）	510,657	5.296,235	1.193,433	0	12.577,42

86　貿易開放、就業風險與企業異質性

表6.2(續)

變量名稱	樣本值	均值	標準差	最小值	最大值
進口滲透率（IMP_{jt}）	510,657	0.179,968	0.217,325	1.01E-07	1.627,267
$lnTFP_{ijt}^{LP\_valueadded}$	510,657	6.687,558	1.157,302	-3.870,75	13.500,35
$lnTFP_{ijt}^{LP\_output}$	510,657	2.693,306	0.961,26	-0.871,27	13.658,06
$lnTFP_{ijt}^{OLS\_valueadded}$	510,657	0.028,16	0.899,506	-11.681,7	7.445,149
$lnTFP_{ijt}^{OLS\_output}$	510,657	-0.003,69	0.711,651	-11.090,3	13.332,37
面板B：非出口企業（$exportdummy_{ijt}=0$）					
實際工資（lnw_{ijt}）	1,510,574	9.120,569	0.729,554	0.344,185	19.350,16
實際資本價格（lnr_{ijt}）	1,510,574	0.221,69	1.518,845	-13.000,3	13.546,07
實際產出（lnQ_{ijt}）	1,510,574	9.757,783	1.342,511	0.011,896	19.051,39
勞動力（lnL_{ijt}）	1,510,574	4.610,987	1.086,705	0	12.177,72
進口滲透率（IMP_{jt}）	1,510,574	0.177,602	0.208,923	1.01E-07	1.627,267
$lnTFP_{ijt}^{LP\_valueadded}$	1,510,574	6.247,253	1.245,63	-4.371,33	13.476,33
$lnTFP_{ijt}^{LP\_output}$	1,510,574	2.453,922	0.953,408	-3.098,59	12.930,57
$lnTFP_{ijt}^{OLS\_valueadded}$	1,510,574	-0.009,3	0.979,918	-11.854,8	11.721,41
$lnTFP_{ijt}^{OLS\_output}$	1,510,574	0.000,68	0.737,767	-10.061,8	11.688,35

[數據來源] 筆者根據中國工業企業數據庫計算、整理得到。

6.2.4 計量結果分析

首先對模型（6.1）進行全樣本迴歸，控制企業個體效應和時間效應，分為產出可變與產出不變兩種情形，計量結果報告在表6.3中。交互項$lnw_{ijt}\times IMP_{jt}$的系數仍然為負，且在多數情形下顯著，顯示第五章中所檢驗的實證結論具有良好的穩健性，即貿易開放會增大企業的勞動需求彈性。

重點關注出口虛擬變量$lnw_{ijt}\times exportdummy_{jt}$的估計系數，發現八種情形下

系數均顯著為正，說明與非出口企業相比，出口企業的勞動需求彈性比較小，出口企業就業的勞動者所面臨的波動風險也相對較低。根據 Mitra 和 Shin (2011) 的論述，這與中國現有的出口產品結構、收入水平有關，中國出口的產品在世界上具有廣闊且穩定的市場（對國外消費者來說是必需品），最終產品的需求彈性較低，導致中國出口企業的勞動需求彈性也相對較低。

為驗證這一結論的穩健性，對出口企業與非出口企業樣本分別進行迴歸，結果報告在表 6.4 和表 6.5 中。對出口企業來講，交互項 $lnw_{ijt} \times IMP_{jt}$ 的估計系數為正，且在多數情形下統計上顯著；而非出口企業的 $lnw_{ijt} \times IMP_{jt}$ 的估計系數卻為負，且均在1%的水平上顯著。這些結果表明中國實施貿易開放過程中，非出口企業的勞動需求彈性增大，而出口企業的勞動需求彈性卻降低。該結論帶給我們的啟示是：應該給予非出口企業的勞動者更多的關注，採取有助於他們職位連續和技能提升的措施，來減輕貿易開放對他們的衝擊和傷害。

表 6.3 出口與勞動需求彈性的全樣本迴歸結果

因變量（$\ln L_{ijt}$）	(1)	(2)	(3)	(4)	(5)	(6)	(7)	(8)
	\multicolumn{4}{c}{產出可變}	\multicolumn{4}{c}{產出不變}
實際工資（$\ln w_{ijt}$）	-0.241^{***}	-0.209^{***}	-0.170^{***}	-0.202^{***}	-0.264^{***}	-0.267^{***}	-0.199^{***}	-0.265^{***}
	(0.000,942)	(0.000,966)	(0.000,970)	(0.000,964)	(0.000,868)	(0.000,866)	(0.000,785)	(0.000,867)
實際資本價格（$\ln r_{ijt}$）	$-0.096,8^{***}$	$0.033,1^{***}$	0.151^{***}	$0.088,6^{***}$	$-0.032,3^{***}$	$-0.047,6^{***}$	0.162^{***}	$-0.035,5^{***}$
	(0.000,588)	(0.000,424)	(0.000,618)	(0.000,504)	(0.000,555)	(0.000,400)	(0.000,500)	(0.000,495)
進口滲透率（IMP_{jt}）	$0.064,8^{**}$	$0.041,8$	$0.006,23$	$0.029,2$	$0.093,6^{***}$	$0.098,4^{***}$	$0.006,12$	$0.084,7^{***}$
	(0.027,9)	(0.028,8)	(0.028,5)	(0.028,8)	(0.025,7)	(0.025,7)	(0.023,0)	(0.025,7)
$\ln w_{ijt} \times IMP_{jt}$	$-0.008,04^{***}$	$-0.006,82^{**}$	$-0.001,67$	$-0.003,42$	$-0.009,88^{***}$	$-0.009,07^{***}$	$-0.004,56^{*}$	$-0.009,51^{***}$
	(0.002,95)	(0.003,04)	(0.003,01)	(0.003,04)	(0.002,71)	(0.002,71)	(0.002,43)	(0.002,71)
出口虛擬變量（$exportdummy_{ijt}$）	$0.087,3^{***}$	0.111^{***}	0.115^{***}	0.105^{***}	$-0.064,6^{***}$	$-0.057,1^{***}$	-0.144^{***}	$-0.063,6^{***}$
	(0.013,1)	(0.013,5)	(0.013,3)	(0.013,5)	(0.012,0)	(0.012,0)	(0.010,8)	(0.012,0)
$\ln w_{ijt} \times exportdummy_{ijt}$	$0.002,94^{**}$	$0.002,62^{*}$	$0.003,07^{**}$	$0.003,54^{**}$	$0.014,9^{***}$	$0.014,1^{***}$	$0.022,1^{***}$	$0.014,8^{***}$
	(0.001,40)	(0.001,44)	(0.001,43)	(0.001,44)	(0.001,29)	(0.001,29)	(0.001,15)	(0.001,29)
全要素生產率（$\ln TFP_{ijt}^{LP\_valueadded}$）	0.240^{***}				$-0.048,6^{***}$			
	(0.000,746)				(0.000,888)			
全要素生產率（$\ln TFP_{ijt}^{LP\_output}$）		$0.092,9^{***}$				$-0.054,8^{***}$		
		(0.000,998)				(0.000,921)		
全要素生產率（$\ln TFP_{ijt}^{OLS\_valueadded}$）			-0.168^{***}				-0.425^{***}	
			(0.000,801)				(0.000,710)	

表6.3(續)

因變量（$\ln L_{jit}$）	產出可變				產出不變			
	(1)	(2)	(3)	(4)	(5)	(6)	(7)	(8)
全要素生產率（$\ln TFP_{jit}^{OLS\_output}$）	5.476***			−0.086,2***	0.405***	0.387***		−0.038,4***
	(0.009,24)			(0.000,707)	(0.000,789)	(0.000,632)		(0.000,636)
實際產出（$\ln Q_{jit}$）		6.396***	6.269***				0.525***	0.372***
		(0.009,08)	(0.008,87)				(0.000,600)	(0.000,614)
常數項				6.552***	3.533***	3.563***	1.533***	3.554***
				(0.008,83)	(0.009,30)	(0.009,32)	(0.008,98)	(0.009,31)
企業固定效應	是	是	是	是	是	是	是	是
年份固定效應	是	是	是	是	是	是	是	是
樣本數	2,021,231	2,021,231	2,021,231	2,021,231	2,021,231	2,021,231	2,021,231	2,021,231
企業數	576,538	576,538	576,538	576,538	576,538	576,538	576,538	576,538
R^2	0.135	0.079	0.101	0.083	0.268	0.269	0.412	0.269

註：括號內報告的為標準差。***、**、*分別表示在1%、5%和10%的水平上顯著。R^2是控制了企業固定效應和年份固定效應的組內R^2。為簡約空間，年份虛擬變量的估計係數沒有報告。

表 6.4

出口企業勞動需求彈性的迴歸結果

因變量（$\ln L_{ijt}$）	產出可變				產出不變			
	(1)	(2)	(3)	(4)	(5)	(6)	(7)	(8)
實際工資（$\ln w_{ijt}$）	-0.288^{***}	-0.255^{***}	-0.215^{***}	-0.246^{***}	-0.303^{***}	-0.306^{***}	-0.231^{***}	-0.304^{***}
	(0.001,92)	(0.001,98)	(0.001,99)	(0.001,97)	(0.001,71)	(0.001,71)	(0.001,58)	(0.001,71)
實際資本價格（$\ln r_{ijt}$）	-0.100^{***}	$0.047,5^{***}$	0.163^{***}	0.108^{***}	$-0.021,1^{***}$	$-0.038,5^{***}$	0.171^{***}	$-0.026,3^{***}$
	(0.001,26)	(0.000,882)	(0.001,33)	(0.001,12)	(0.001,15)	(0.000,798)	(0.001,06)	(0.001,04)
進口滲透率（IMP_{jt}）	-0.303^{***}	-0.255^{***}	-0.312^{***}	-0.306^{***}	$-0.056,0$	$-0.086,1$	$-0.039,9$	$-0.073,0$
	(0.061,3)	(0.063,4)	(0.062,8)	(0.063,2)	(0.054,6)	(0.054,6)	(0.049,7)	(0.054,6)
$\ln w_{ijt} \times IMP_{jt}$	$0.029,1^{***}$	$0.025,9^{***}$	$0.031,3^{***}$	$0.031,0^{***}$	$0.006,66$	$0.009,48^{*}$	$0.003,15$	$0.007,94$
	(0.006,39)	(0.006,61)	(0.006,54)	(0.006,60)	(0.005,69)	(0.005,69)	(0.005,18)	(0.005,69)
全要素生產率（$\ln TFP_{ijt-valueadded}^{LP}$）	0.261^{***}				$-0.044,8^{***}$			
	(0.001,58)				(0.001,73)			
全要素生產率（$\ln TFP_{ijt-output}^{LP}$）		$0.082,8^{***}$				$-0.038,7^{***}$		
		(0.001,82)				(0.001,61)		
全要素生產率（$\ln TFP_{ijt-valueadded}^{OLS}$）			-0.167^{***}				-0.393^{***}	
			(0.001,71)				(0.001,44)	

表6.4(續)

因變量($\ln L_{jit}$)	產出可變				產出不變			
	(1)	(2)	(3)	(4)	(5)	(6)	(7)	(8)
全要素生產率($\ln TFP_{jit}^{OLS\_output}$)				-0.091,0***				-0.031,3***
				(0.001.46)				(0.001.27)
實際產出($\ln Q_{jit}$)					0.481***	0.464***	0.574***	0.453***
					(0.001.59)	(0.001.32)	(0.001.25)	(0.001.30)
常數項	6.149***	7.243***	7.095***	7.376***	3.319***	3.342***	1.464***	3.334***
	(0.019.4)	(0.018.9)	(0.018.6)	(0.018.4)	(0.019.7)	(0.019.7)	(0.019.2)	(0.019.7)
企業固定效應	是	是	是	是	是	是	是	是
年份固定效應	是	是	是	是	是	是	是	是
樣本數	510,657	510,657	510,657	510,657	510,657	510,657	510,657	510,657
企業數	158,598	158,598	158,598	158,598	158,598	158,598	158,598	158,598
R^2	0.164	0.105	0.123	0.109	0.336	0.336	0.451	0.336

註：括號內報告的為標準差。***、**、*分別表示在1%、5%和10%的水平上顯著。R^2是控制了企業固定效應和年份固定效應的組內R^2。為節約空間，年份虛擬變量的估計係數沒有報告。

表 6.5

非出口企業勞動需求彈性的迴歸結果

因變量（$\ln L_{ijt}$）	產出可變					產出不變		
	(1)	(2)	(3)	(4)	(5)	(6)	(7)	(8)
實際工資（$\ln w_{ijt}$）	-0.220***	-0.191***	-0.152***	-0.184***	-0.242***	-0.245***	-0.180***	-0.242***
	(0.001,02)	(0.001,04)	(0.001,04)	(0.001,04)	(0.000,948)	(0.000,946)	(0.000,854)	(0.000,947)
實際資本價格（$\ln r_{ijt}$）	-0.091,0***	0.026,0***	0.147***	0.080,8***	-0.033,2***	-0.048,1***	0.158***	-0.035,3***
	(0.000,678)	(0.000,493)	(0.000,707)	(0.000,575)	(0.000,646)	(0.000,471)	(0.000,578)	(0.000,574)
進口滲透率（IMP_{jt}）	0.180***	0.145***	0.116***	0.139***	0.141***	0.158***	0.018,4	0.134***
	(0.031,7)	(0.032,6)	(0.032,1)	(0.032,5)	(0.029,4)	(0.029,4)	(0.026,3)	(0.029,4)
$\ln w_{ijt} \times IMP_{jt}$	-0.020,1***	-0.019,4***	-0.013,8***	-0.015,3***	-0.015,6***	-0.015,0***	-0.007,68***	-0.015,5***
	(0.003,37)	(0.003,46)	(0.003,42)	(0.003,46)	(0.003,13)	(0.003,13)	(0.002,79)	(0.003,13)
全要素生產率（$\ln TFP_{ijt}^{LP\_valueadded}$）	0.222***				-0.050,2***			
	(0.000,865)				(0.001,05)			
全要素生產率（$\ln TFP_{ijt}^{LP\_output}$）		0.098,3***				-0.059,4***		
		(0.001,23)				(0.001,15)		
全要素生產率（$\ln TFP_{ijt}^{OLS\_valueadded}$）			-0.171***				-0.426***	
			(0.000,917)				(0.000,830)	

表6.5（續）

因變量（$\ln I_{ijt}$）	產出可變				產出不變			
	(1)	(2)	(3)	(4)	(5)	(6)	(7)	(8)
全要素生產率（$\ln TFP_{ijt}^{OLS\_output}$）				-0.084,8***				-0.042,0***
				(0.000,822)				(0.000,749)
實際產出（$\ln Q_{ijt}$）					0.375***	0.358***	0.503***	0.342***
					(0.000,932)	(0.000,744)	(0.000,705)	(0.000,718)
常數項	5.323***	6.141***	6.024***	6.308***	3.576***	3.607***	1.554***	3.599***
	(0.009,99)	(0.009,75)	(0.009,46)	(0.009,42)	(0.010,2)	(0.010,3)	(0.009,96)	(0.010,2)
企業固定效應	是	是	是	是	是	是	是	是
年份固定效應	是	是	是	是	是	是	是	是
樣本數	1,510,574	1,510,574	1,510,574	1,510,574	1,510,574	1,510,574	1,510,574	1,510,574
企業數	489,959	489,959	489,959	489,959	489,959	489,959	489,959	489,959
R^2	0.122	0.072	0.097	0.075	0.243	0.243	0.397	0.243

註：括號內報告的為標準差。***、**、*分別表示在1%、5%和10%的水平上顯著。R^2是控制了企業固定效應和年份固定效應的組內R^2。為節約空間，年份虛擬變量的估計系數沒有報告。

6.3 貿易開放、企業所有權與勞動需求彈性

6.3.1 理論基礎

所有制結構不同的企業因為具有不同的員工管理制度、企業文化、體制架構等，其勞動需求彈性所受到的貿易開放衝擊的影響也將不同。陸銘和陳釗（1998）認為，中國國有企業在勞動力雇傭、工資形成的市場化程度等方面都與非國有企業存在顯著差異。所有權性質影響勞動力市場的機制包括：

6.3.1.1 替代效應和規模效應的發揮機制存在差異

比較本土企業與外國企業。外國企業因融入全球化的生產網路，擴大了其可以使用的要素集合，使得外國公司可以在全球範圍內配置最節約的生產要素，增強了勞動的替代性。Scheve 和 Slaughter（2004）也指出 FDI 影響勞動力市場波動的主要渠道是通過替代效應來增大勞動需求彈性。另外，外資企業面向競爭更為激烈的全球市場，國際產品市場上的風吹草動將會導致跨國公司最終產品需求彈性上升，進而通過規模效應機制增大勞動需求彈性。但是國內企業沒有參與國際化的分工合作，不容易受到國際形勢複雜多變的衝擊的影響。另外，國內企業本身對市場的反應也不如跨國企業靈活。

6.3.1.2 勞動管理制度的差異

人才管理制度方面，國有企業仍帶有不同程度的體制色彩，其最大優勢在於全面的福利保障制度（孫健等，2007），內容涵蓋完善的「五險一金」、充裕的帶薪休假等，員工的工作壓力比較小，員工普遍感覺工作的性價比較高。而外商投資企業的工資水平和福利水平採取市場化原則，當勞動力市場出現擾動時，企業可以迅速做出反應，或改變勞動需求量，或調整薪資水平。如國際人力資源管理協會的調查統計表明，2009 年中國國有企業的被動離職率為 1.25%，而外資企業的被動離職率為 2.63%；合資企業的被動離職率最高，為 5.46%（朱勇國、丁雪峰，2010）。

6.3.1.3 社會責任感的差異

Hakkala 等（2010）認為外商直接投資對東道國的社會責任感以及忠誠度都比較低，因此在與工會和政府部門博弈時，可以不顧情面地從公司利益出發與之討價還價，解雇勞動者的概率相對而言也就較大。而對中國的國有企業而言，「國有企業承擔的任務主要有三個：第一是企業要有活力；第二是要有控制力，要控制住國家需要控制的領域，保證國家經濟平穩；第三是要有影響力。國有企業不像一般企業，不能隨便關門裁員」（李榮融，2010）。

利用中國數據進行的實證文獻大多集中在所有權性質與企業生產率的關係（如 Sun 和 Hong，2011）、所有制不同與工資差異（如 Earle 和 Telegdy，2007；Bircan，2011）等，尚沒有文獻對中國企業的所有權性質與勞動需求彈性之間的關係展開研究，本研究有助於豐富該領域的文獻體系。初步預計，國有企業由於對市場反應不如外資企業靈活，而且國有企業固定僵化的人事制度和優越的隱性福利對員工也造成無形捆綁，而外資企業具有「footloose」的特性（Gorg 等，2009），國有企業勞動需求彈性受到貿易開放的衝擊比外資企業小。

6.3.2 模型與變量設定

根據企業登記註冊類型，本研究將中國企業分為六類（所有制類型與企業登記註冊類型的對照見表6.6）：國有企業、集體所有制企業、私營企業、外商投資企業、港澳臺投資企業和國內合作企業。其中，以國內合作企業作為基準變量。

表 6.6　　　　　　　　　　所有制類型對照表

所有制類型	企業登記註冊類型及代碼
國有企業（SOE）	國有企業（110）、國有聯營企業（141）、國有獨資企業（151）
集體所有制企業（COE）	集體企業（120）、集體聯營企業（142）、國有與集體聯營企業（143）
私營企業（Private）	私營獨資企業（171）、私營合夥企業（172）、私營有限責任公司（173）、私營股份有限公司（174）
外商投資企業（FDI）	中外合資經營企業（310）、中外合作經營企業（320）、外資（獨資）企業（330）、外商投資股份有限公司（340）
港澳臺投資企業（HMK）	合資經營企業（港澳臺資）（210）、合作經營企業（港澳臺資）（220）、港澳臺獨資企業（230）、港澳臺商投資股份有限公司（240）
國內合作企業（DJV）	股份合作企業（130）、其他聯營企業（149）、其他有限責任公司（159）、股份有限公司（160）、其他企業（190）

在全樣本迴歸模型基礎上，加入以上五個所有制變量的虛擬變量（為避免虛擬變量陷阱，模型中不包括基準變量——國內合作企業虛擬變量），以及各所有制變量與進口滲透率的交互項（分別是 $lnw_{ijt} \times SOE_{ijt}$、$lnw_{ijt} \times FDI_{ijt}$、$lnw_{ijt} \times private_{ijt}$、$lnw_{ijt} \times COE_{ijt}$、$lnw_{ijt} \times HMK_{ijt}$），所有制變量與實際工資和進口滲透率交互項（分別是 $lnw_{ijt} \times SOE_{ijt} \times IMP_{jt}$、$lnw_{ijt} \times FDI_{ijt} \times IMP_{jt}$、$lnw_{ijt} \times private_{ijt} \times IMP_{jt}$、

$lnw_{ijt} \times COE_{ijt} \times IMP_{jt}$、$lnw_{ijt} \times HMK_{ijt} \times IMP_{jt}$），其中三項交互項的估計係數是本部分重點關注的。模型具體形式為：

$$\ln L_{ijt} = \alpha_0 + \alpha_1 \ln w_{ijt} + \alpha_2 \ln r_{ijt} + \alpha_3 \ln TFP_{ijt} + \alpha_4 IMP_{jt}$$
$$+ \alpha_5 \ln w_{ijt} \times IMP_{jt} + \alpha_6 ownership_{ijt} + \alpha_7 \ln w_{ijt} \times ownership_{ijt}$$
$$+ \alpha_8 \ln w_{ijt} \times ownership_{ijt} \times IMP_{jt} + \delta_{ij} + \eta_t + \varepsilon_{ijt} \tag{6.2}$$

6.3.3 數據描述

圖 6.2 描繪了 1998—2007 年六種類型企業數量的增減變化。在貿易開放進程日益深入，國有企業改制也逐步展開的背景下，國有企業、集體企業的數量在不斷減少，而私營企業、外商投資企業、港澳臺投資企業和國內合作企業大量湧現，尤其是私營企業的增長最快。

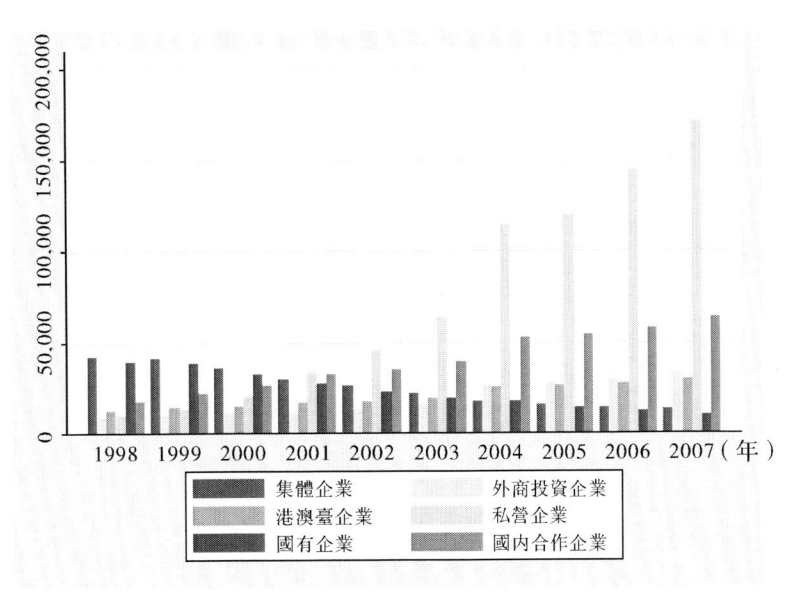

圖 6.2　1998—2007 年各所有制類型企業數量（單位：家）

表 6.7 給出了六種所有制類型企業基本變量的統計量，可以看到：雖然國有企業的平均規模最大（勞動力數量最多），但是無論在生產效率方面（例如四種全要素生產率）還是在公司績效方面（例如總產出、實際平均工資）都要低於其他類型的企業，更是遠遠低於外商投資企業和港澳臺投資企業。同時，國有企業所在行業的平均進口滲透率也遠低於其他行業。因此國有企業在經營效率、管理體制等方面均與其他類型企業存在顯著差異，至於勞動需求彈性方面是否也存在明顯不同則需要進一步的實證檢驗。

表 6.7　六種所有制類型企業的基本變量統計

變量名稱	SOE 均值	SOE 標準差	COE 均值	COE 標準差	private 均值	private 標準差	FDI 均值	FDI 標準差	HMK 均值	HMK 標準差	DJV 均值	DJV 標準差
實際工資（$\ln w_{ij}$）	8.841,1	0.909,4	8.851,2	0.729,8	9.216,7	0.576,5	9.631,0	0.714,5	9.433,4	0.648,9	9.196,5	0.659,9
實際資本價格（$\ln r_{ij}$）	−0.883,1	1.602,6	0.478,2	1.401,6	0.577,0	1.320,6	0.219,8	1.423,8	0.250,3	1.405,3	0.205,9	1.444,4
進口滲透率（IMP_j）	0.164,5	0.214,4	0.185,5	0.190,8	0.172,7	0.206,3	0.189,4	0.231,1	0.178,1	0.215,9	0.186,3	0.217,0
實際產出（$\ln Q_{ijt}$）	9.224,8	2.114,6	9.740,3	1.126,6	9.830,8	1.039,7	10.611,3	1.409,7	10.377,4	1.243,9	10.171,6	1.355,1
實際資本（$\ln K_{ijt}$）	8.981,7	2.261,0	7.983,1	1.503,3	7.867,1	1.435,2	9.024,0	1.786,2	8.720,4	1.637,4	8.669,8	1.817,2
勞動力（$\ln L_{ijt}$）	5.159,4	1.544,7	4.765,9	1.039,9	4.422,6	0.933,1	5.031,5	1.147,9	5.108,9	1.098,4	4.957,2	1.163,5
$\ln TFP_{ijt}^{LP\_valueadded}$	5.471,6	1.725,2	6.297,8	1.071,4	6.392,1	0.996,1	6.817,8	1.242,2	6.576,4	1.131,9	6.528,9	1.201,8
$\ln TFP_{ijt}^{LP\_output}$	2.434,5	1.302,6	2.423,7	0.824,7	2.477,4	0.799,8	2.637,3	1.067,2	2.647,8	1.023,0	2.561,7	0.977,5
$\ln TFP_{ijt}^{OLS\_valueadded}$	0.002,8	1.214,9	−0.000,7	0.944,9	−0.000,2	0.858,3	0.000,1	1.017,1	−0.000,1	0.955,1	0.000,0	0.954,3
$\ln TFP_{ijt}^{OLS\_output}$	−0.001,6	0.896,1	−0.000,5	0.699,3	−0.000,2	0.646,0	−0.000,1	0.815,7	−0.000,1	0.764,6	−0.000,3	0.732,3

[數據來源]　筆者根據中國工業企業數據庫計算、整理得到。

6.3.4　計量結果分析

應用中國工業企業數據對模型（6.2）進行固定效應模型迴歸，同時控制個體固定效應和時間固定效應，迴歸結果報告在表 6.8 中，其中（1）至（4）列為沒有納入產出約束的各變量系數的估計結果，（5）至（8）列則為納入產出約束的結果。

第一，交互項 $lnw_{ijt} \times IMP_{jt}$ 的估計系數均為負，且在多數情形下滿足統計意義上的顯著性，因此進一步驗證了貿易開放提高企業勞動需求彈性的結論，說明該結論具有較好的穩健性。

第二，本研究重點關注的三項交互項的估計系數也符合我們的預期。$lnw_{ijt} \times SOE_{ijt} \times IMP_{jt}$、$lnw_{ijt} \times COE_{ijt} \times IMP_{jt}$ 的估計系數符號為正，且在多數情況下顯著，說明國有企業和集體企業的所有權性質相比於基準情形（也就是國內合作企業）來說能夠減輕貿易開放帶來的市場波動。而對比其他三項交互項的系數，$lnw_{ijt} \times FDI_{ijt} \times IMP_{jt}$、$lnw_{ijt} \times HMK_{ijt} \times IMP_{jt}$、$lnw_{ijt} \times private_{ijt} \times IMP_{jt}$ 的符號在多數情形下顯著為負，說明外商投資企業、港澳臺投資企業和私營企業相對於國內合作企業來講，貿易開放帶來的勞動需求彈性更高，給勞動者帶來的不確定性也更大。從估計系數的絕對值來看，外商投資企業和港澳臺投資企業的就業波動和就業風險要高於國內私營企業。

總的來看，在中國貿易開放過程中，在外資企業和港澳臺投資企業中就業的勞動者更容易遭遇就業的不確定性，因此這應該成為政府制定勞動政策時給予更多關注的一個方面。

表 6.8 不同的所有制企業的固定效應模型迴歸結果

因變量 ($\ln L_{ijt}$)	產出可變				產出不變			
	(1)	(2)	(3)	(4)	(5)	(6)	(7)	(8)
實際工資 ($\ln w_{ijt}$)	-0.244***	-0.208***	-0.162***	-0.200***	-0.271***	-0.274***	-0.197***	-0.271***
	(0.001,55)	(0.001.60)	(0.001.59)	(0.001.60)	(0.001.43)	(0.001.43)	(0.001.27)	(0.001.43)
實際資本價格 ($\ln r_{ijt}$)	-0.096,7***	0.033,6***	0.159***	0.090,6***	-0.031,6***	-0.047,4***	0.176***	-0.034,4***
	(0.000,587)	(0.000,423)	(0.000,624)	(0.000,504)	(0.000,554)	(0.000,399)	(0.000,500)	(0.000,494)
進口滲透率 (IMP_{jt})	0.078,1***	0.069,7**	0.028,8	0.053,1*	0.103***	0.104***	0.012,1	0.094,4***
	(0.028,1)	(0.029,0)	(0.028,6)	(0.029,0)	(0.025,8)	(0.025,8)	(0.022,9)	(0.025,8)
$\ln w_{ijt} \times IMP_{jt}$	-0.006,79**	-0.008,13***	-0.002,84	-0.004,14	-0.007,47***	-0.005,82**	-0.003,86	-0.007,32***
	(0.003,03)	(0.003,13)	(0.003,08)	(0.003,12)	(0.002,78)	(0.002,78)	(0.002,47)	(0.002,78)
國有企業虛擬變量 (SOE_{ijt})	1.044***	1.184***	1.318***	1.214***	0.966***	0.948***	1.196***	0.970***
	(0.018,7)	(0.019,3)	(0.019,1)	(0.019,3)	(0.017,2)	(0.017,2)	(0.015,2)	(0.017,2)
$\ln w_{ijt} \times SOE_{ijt}$	-0.104***	-0.118***	-0.121***	-0.120***	-0.094,1***	-0.092,3***	-0.087,7***	-0.093,8***
	(0.002,05)	(0.002,12)	(0.002,09)	(0.002,11)	(0.001,88)	(0.001,88)	(0.001,67)	(0.001,88)
$\ln w_{ijt} \times SOE_{ijt} \times IMP_{jt}$	0.005,36***	0.007,19***	0.013,0***	0.010,0***	0.004,43***	0.004,83***	0.013,1***	0.004,76***
	(0.001,17)	(0.001,21)	(0.001,20)	(0.001,21)	(0.001,08)	(0.001,08)	(0.000,957)	(0.001,08)

表6.8(續1)

	產出可變				產出不變			
因變量（lnL_{ijt}）	(1)	(2)	(3)	(4)	(5)	(6)	(7)	(8)
外商直接投資虛擬變量（FDI_{ijt}）	-0.554***	-0.471***	-0.410***	-0.468***	-0.677***	-0.680***	-0.642***	-0.680***
	(0.023,9)	(0.024,7)	(0.024,3)	(0.024,6)	(0.021,9)	(0.021,9)	(0.019,5)	(0.021,9)
$lnw_{ijt} \times FDI_{ijt}$	0.068,4***	0.060,7***	0.052,1***	0.060,4***	0.080,0***	0.080,5***	0.068,2***	0.080,1***
	(0.002,51)	(0.002,59)	(0.002,55)	(0.002,58)	(0.002,30)	(0.002,30)	(0.002,04)	(0.002,30)
$lnw_{ijt} \times FDI_{ijt} \times IMP_{jt}$	-0.010,5***	-0.007,47***	-0.009,26***	-0.008,68***	-0.011,6***	-0.012,8***	-0.012,5***	-0.011,4***
	(0.001,19)	(0.001,22)	(0.001,21)	(0.001,22)	(0.001,09)	(0.001,09)	(0.000,967)	(0.001,09)
私人企業虛擬變量（$private_{ijt}$）	-0.577***	-0.615***	-0.597***	-0.618***	-0.533***	-0.529***	-0.451***	-0.533***
	(0.016,5)	(0.017,0)	(0.016,8)	(0.017,0)	(0.015,1)	(0.015,1)	(0.013,4)	(0.015,1)
$lnw_{ijt} \times private_{ijt}$	0.060,2***	0.064,7***	0.063,2***	0.065,3***	0.055,8***	0.055,4***	0.047,5***	0.055,9***
	(0.001,80)	(0.001,85)	(0.001,83)	(0.001,85)	(0.001,65)	(0.001,65)	(0.001,46)	(0.001,65)
$lnw_{ijt} \times private_{ijt} \times IMP_{jt}$	-0.001,37*	-0.002,45***	-0.003,19***	-0.003,04***	-0.002,45***	-0.002,48***	-0.002,19***	-0.002,18***
	(0.000,779)	(0.000,804)	(0.000,794)	(0.000,802)	(0.000,716)	(0.000,715)	(0.000,635)	(0.000,715)
集體企業虛擬變量（COE_{ijt}）	0.235***	0.309***	0.346***	0.312***	0.116***	0.113***	0.108***	0.116***
	(0.018,9)	(0.019,5)	(0.019,3)	(0.019,5)	(0.017,4)	(0.017,4)	(0.015,4)	(0.017,4)

表6.8（續2）

因變量（lnL_{ijt}）	產出可變				產出不變			
	(1)	(2)	(3)	(4)	(5)	(6)	(7)	(8)
$lnw_{ijt} \times COE_{ijt}$	-0.027,4***	-0.036,3***	-0.041,8***	-0.036,9***	-0.013,4***	-0.013,0***	-0.015,3***	-0.013,4***
	(0.002,10)	(0.002,17)	(0.002,14)	(0.002,16)	(0.001,93)	(0.001,93)	(0.001,71)	(0.001,93)
$lnw_{ijt} \times COE_{ijt} \times IMP_{jt}$	0.002,03*	0.002,91***	0.003,16***	0.002,99***	0.001,55	0.001,33	0.002,25**	0.001,66*
	(0.001,08)	(0.001,12)	(0.001,10)	(0.001,12)	(0.000,995)	(0.000,995)	(0.000,883)	(0.000,995)
港澳臺投資企業虛擬變量（HMK_{ijt}）	-0.225***	-0.121***	-0.044,9**	-0.101***	-0.384***	-0.384***	-0.361***	-0.383***
	(0.022,4)	(0.023,1)	(0.022,8)	(0.023,0)	(0.020,5)	(0.020,5)	(0.018,2)	(0.020,5)
$lnw_{ijt} \times HMK_{ijt}$	0.031,2***	0.020,8***	0.013,0***	0.019,4***	0.047,4***	0.047,6***	0.043,1***	0.047,3***
	(0.002,36)	(0.002,44)	(0.002,41)	(0.002,43)	(0.002,17)	(0.002,17)	(0.001,92)	(0.002,17)
$lnw_{ijt} \times HMK_{ijt} \times IMP_{jt}$	-0.010,9***	-0.006,18***	-0.004,21***	-0.007,01***	-0.012,3***	-0.013,9***	-0.003,74***	-0.011,8***
	(0.001,21)	(0.001,25)	(0.001,24)	(0.001,25)	(0.001,11)	(0.001,11)	(0.000,989)	(0.001,11)
全要素生產率（$lnTFP_{ijt}^{LP\_valueadded}$）	0.241***	0.094,3***			-0.049,8***			
	(0.000,744)	(0.000,997)			(0.000,885)			
全要素生產率（$lnTFP_{ijt}^{LP\_output}$）						-0.054,7***		
						(0.000,919)		

表6.8(續3)

因變量（$\ln L_{ijt}$）	產出可變				產出不變			
	(1)	(2)	(3)	(4)	(5)	(6)	(7)	(8)
全要素生產率（$\ln\text{TFP}_{ijt}^{\text{OLS\_valueadded}}$）			-0.179***					
			(0.000,813)					
全要素生產率（$\ln\text{TFP}_{ijt}^{\text{OLS\_output}}$）				-0.088,8***				-0.040,2***
				(0.000,707)				(0.000,635)
實際產出（$\ln Q_{ijt}$）					0.406***	0.388***	0.534***	0.373***
					(0.000,786)	(0.000,628)	(0.000,593)	(0.000,611)
常數項	5.491***	6.371***	6.179***	6.521***	3.561***	3.596***	1.362***	3.582***
	(0.014,6)	(0.014,8)	(0.014,6)	(0.014,7)	(0.013,9)	(0.013,9)	(0.012,8)	(0.013,9)
企業固定效應	是	是	是	是	是	是	是	是
年份固定效應	是	是	是	是	是	是	是	是
樣本值	2,021,231	2,021,231	2,021,231	2,021,231	2,021,231	2,021,231	2,021,231	2,021,231
企業數	576,538	576,538	576,538	576,538	576,538	576,538	576,538	576,538
R^2	0.138	0.081	0.106	0.085	0.273	0.273	0.428	0.273

註：括號內報告的為標準差。****、***、**、* 分別表示在1%、5%和10%的水平上顯著。R^2 是控制了企業固定效應和年份固定效應的組內 R^2。為節約空間，年份虛擬變量的估計系數沒有報告。

6.4 貿易開放、工會發展與勞動需求彈性

6.4.1 理論基礎

理論上，企業工會發展將會影響公司勞動需求彈性。在成立工會的企業，勞方可以通過工會維權保障合法權益，增強與資方談判的力量。因此，本書預設工會發展較好的企業的勞動需求彈性受貿易開放衝擊的影響較小。Voos（2009）總結了在美國工會研究領域得出的實證結論：工會可以提高會員工資以及附加福利、縮小收入差距（Card、Lemieux 和 Riddell，2007）、降低勞動者更換工作的頻率和提高技術工人的在職連續性進而提升企業生產率（Freeman 和 Medoff，1984；Bennett 和 Kaufman，2007）。

但是，正如 Freeman（2005）所指出的，實證證據大多來自於美國數據，對美國之外的其他國家尤其是發展中國家如中國、印度等的實證研究幾乎沒有，因此，針對這些國家的研究將有助於分析特有經濟體制下工會的作用機制的差異。目前文獻中對中國工會作用的研究仍比較少，且在僅有的為數不多的文獻中，研究方法仍以案例分析或問卷調查為主，得出的基本結論是中國工會的政治管理色彩較濃，而不能在代表職工利益方面發揮作用，尤其是對於非國有企業的工會而言。如 Chen（2003）通過幾個案例說明由於中國工會的建立並非基於企業職工，工會代表職工利益的角色就被大大地削弱了；姚先國、郭東杰（2004）以及許曉軍、李珂（2006）通過調查問卷分析認為只有很少員工認為工會可以有效地代表和保護職工利益[①]；Metcalf 和 Li（2006）通過對海南省三個非國有企業的案例分析認為中國工會對企業而言幾乎是無用的，既不能增加企業成本又不能提高企業效率。葛贏（2007）首次利用微觀層面大型數據庫對中國企業中工會的作用進行了實證檢驗，認為雖然中國的工會更多地發揮政治和社會功能，但是它在調解勞動糾紛、聆聽職工心聲、監督勞動法規落實、為員工提供各種服務和福利、促進企業創新、開展職工培訓、參與公司治理和決策制定等方面具有積極的作用。進一步地，該研究通過實證檢驗得出

[①] 姚先國和郭東杰（2004）通過對浙江改制的國有企業職工的問卷調查發現，只有36.8%的職工認為工會可以代表他們的真實利益，另外63.2%的職工則做出否定回答；許曉軍和李珂（2006）通過對7家企業職工的調查發現，僅有7.3%的員工認為工會在「向資方爭取增加職工收入、改善勞動條件」方面能夠發揮積極作用。

結論：工會的建立能夠提高職工工資和福利水平、提高企業生產率、研發（R&D）投資和人力資本投資，在這些方面工會的確能發揮「真實」的作用。

本研究在葛贏（2007）檢驗結果基礎上，進一步拓展中國工會領域的實證分析，利用大型微觀企業數據庫來實證檢驗工會在中國貿易開放進程中對就業波動和勞動需求彈性的真實作用。

6.4.2 模型與變量設定

本書在研究中採用兩個指標來衡量企業工會的發展情況：

一是工會虛擬變量（$union_{ij}$），即若企業成立了工會則 $union_{ij}=1$，否則 $union_{ij}=0$；

二是成立工會的企業中，加入工會員工數占所有員工的比例（$union\_N_{ij}$），該比例可以反應工會發展的規模。

為估計工會發展對勞動需求彈性的影響系數，加入這兩個工會變量分別與實際工資的交互項（分別記為 $lnw_{ij} \times union_{ij}$ 和 $lnw_{ij} \times union_{ij} \times IMP_j$）、與實際工資和進口滲透率的交互項（分別記為 $lnw_{ij} \times union\_N_{ij}$ 和 $lnw_{ij} \times union\_N_{ij} \times IMP_j$）。同樣分為產出可變與產出不變兩種情形進行迴歸。要估計的模型形式為：

$$\begin{aligned}
lnL_{ij} = &\alpha_0 + \alpha_1 lnw_{ij} + \alpha_2 lnr_{ij} + \alpha_3 lnTFP_{ij} + \alpha_4 IMP_j + \alpha_5 lnw_{ijt} \times IMP_j \\
&+ \alpha_6 union_{ij} + \alpha_7 lnw_{ij} \times union_{ij} + \alpha_8 lnw_{ij} \times union_{ij} \times IMP_j \\
&+ \alpha_9 lnQ_{ij} + \sum \theta_k ownershipdummy_{ik} + \sum \eta_m industrydummy_{im} \\
&+ \sum \lambda_n regiondummy_{in} + \beta X + \varepsilon_{ij}
\end{aligned} \quad (6.3)$$

$$\begin{aligned}
lnL_{ij} = &\alpha_0 + \alpha_1 lnw_{ij} + \alpha_2 lnr_{ij} + \alpha_3 lnTFP_{ij} + \alpha_4 IMP_j + \alpha_5 lnw_{ijt} \times IMP_j \\
&+ \alpha_6 union\_N_{ij} + \alpha_7 lnw_{ij} \times union\_N_{ij} \\
&+ \alpha_8 lnw_{ij} \times union\_N_{ij} \times IMP_j + \alpha_9 lnQ_{ij} \\
&+ \sum \theta_k ownershipdummy_{ik} + \sum \eta_m industrydummy_{im} \\
&+ \sum \lambda_n regiondummy_{in} + \beta X + \varepsilon_{ij}
\end{aligned} \quad (6.4)$$

式（6.4）中，βX 為其他企業層面控制變量。為了控制可能存在的企業異質性，本書加入盡可能多的控制變量，包括出口虛擬變量（$exportdummy_{ij}$）、工資收入比（$wage\_ratio_{ij}$）①、企業年齡（age_{ij}）以及年齡的平方項（age^2_{ij}）；ownershipdummy、industrydummy、regiondummy 分別為企業層面的所有制虛擬變量、產業虛擬變量和區域虛擬變量。估計系數 $\hat{\alpha}_8$ 是我們重點關注的。

---

① 工資收入比＝企業工資總額／（企業工資總額＋福利支出）。

6.4.3 數據描述

數據方面，中國工業企業數據庫只在 2004 年包含了本研究需要的工會變量，因此本部分只對 2004 年工業企業數據進行 OLS 迴歸①。表 6.9 給出了建立工會的企業與沒有建立工會的企業主要變量的描述性對比，2004 年統計的 254,723 家企業中，有 117,426 家成立了工會，占總企業數的 46.1%；還有 137,297 家尚未建立工會，占 53.9%。在已經成立工會的企業中，參加工會的職工比例平均達 72.9%，高於美國 14% 的比例②，從側面反應了中國企業中工會特有的行政管理職能。

表 6.9　　建立工會與未建立工會的企業主要變量統計對比

變量名稱	樣本值	均值	標準差	最小值	最大值
面板 A：$union_{ij}=1$（成立工會的企業）					
勞動力（lnL_{ij}）	117,426	4.997,5	1.162,465	0	11.695,76
實際工資（lnw_{ij}）	117,426	9.295,885	0.555,331	4.113,719	16.308,08
實際資本價格（lnr_{ij}）	117,426	0.136,844	1.407,12	−10.028	9.914,491
進口滲透率（IMP_j）	117,426	0.175,079	0.220,407	5.91E−07	1.528,368
工會成員比例（$union\_N_{ij}$）	117,426	0.728,972	0.307,922	2.32E−05	1
出口虛擬變量（$exportdummy_{ij}$）	117,426	0.291,154	0.454,296	0	1
全要素生產率（$lnTFP_{ij}^{LP\_valueadded}$）	117,426	6.462,393	1.247,493	−2.814,37	13.500,35
全要素生產率（$lnTFP_{ij}^{LP\_output}$）	117,426	2.588,455	1.021,173	−1.512,36	10.792,9
全要素生產率（$lnTFP_{ij}^{OLS\_valueadded}$）	117,426	0.037,72	0.939,892	−9.807,23	6.594,706

---

① 這裡使用的 2004 年中國工業企業數據與葛贏（2007）使用的 2004 年第一次全國經濟普查數據實際上來源於同一數據庫。

② 《赴加拿大「國有控股企業工資收入管理」培訓考察報告》還調研了加拿大加入工會組織的僱員比例，約為 33%。參見：中國勞動保障科研網. http://www.calss.net.cn/n1196/n1346/n6008027/6160999.html. 2000-09-20.

表6.9(續)

變量名稱	樣本值	均值	標準差	最小值	最大值
全要素生產率 ($\ln\text{TFP}_{ij}^{\text{OLS\_output}}$)	117,426	0.026,846	0.751,605	-10.061,8	8.756,813

面板 B：$\text{union}_{ij} = 0$（未成立工會的企業）					
變量名稱	樣本值	均值	標準差	最小值	最大值
勞動力 ($\ln L_{ij}$)	137,297	4.362,141	1.011,919	0	11.236,2
實際工資 ($\ln w_{ij}$)	137,297	9.234,777	0.537,263	3.036,339	17.090,59
實際資本價格 ($\ln r_{ij}$)	137,297	0.533,728	1.473,16	-9.979,58	11.035,4
進口滲透率 (IMP_j)	137,297	0.183,364	0.223,043	5.91E-07	1.528,368
出口虛擬變量 (exportdummy_{ij})	137,297	0.266,066	0.441,901	0	1
全要素生產率 ($\ln\text{TFP}_{ij}^{\text{LP\_valueadded}}$)	137,297	6.203,142	1.068,855	-2.218,31	11.696,75
全要素生產率 ($\ln\text{TFP}_{ij}^{\text{LP\_output}}$)	137,297	2.430,107	0.863,136	-0.843,57	11.469,45
全要素生產率 ($\ln\text{TFP}_{ij}^{\text{OLS\_valueadded}}$)	137,297	-0.031,97	0.949,444	-9.404,41	5.799,46
全要素生產率 ($\ln\text{TFP}_{ij}^{\text{OLS\_output}}$)	137,297	-0.023,45	0.801,951	-9.276,33	9.377,806

[數據來源] 筆者根據2004年中國工業企業數據庫計算、整理而得。

對比成立工會的企業與沒有成立工會的企業的績效變量，可以發現另一個明顯的經濟現象是：成立工會的企業的平均規模（勞動力變量）、平均實際工資、平均全要素生產率以及出口企業比例等都要高於沒有建立工會的企業，也證實了文獻（如葛贏，2007）中提出的工會發展與企業績效正相關的結論。

6.4.4 計量結果分析

對式（6.1）和式（6.2）分別進行OLS迴歸，迴歸結果報告在表6.10和表6.11中，估計系數$\hat{\alpha}_8$符合我們的預期。

表6.10報告的是加入工會虛擬變量以及交互項的實證結果，可以看到$\ln w_{ij} \times \text{IMP}_j$的估計系數顯著為負，$\ln w_{ij} \times \text{union}_{ij} \times \text{IMP}_j$的系數在各種情形下均為正，且大多數在統計上顯著，說明雖然貿易開放提高了企業的勞動需求彈性，

但是比起沒有建立工會的企業來講，建立工會的企業勞動需求彈性提高的幅度要顯著地更小。成立工會更有助於減輕勞動者的就業波動和更換工作的頻率，有助於降低勞動力市場風險。

表 6.11 報告的是以加入工會職工比例為解釋變量的迴歸結果。$lnw_{ijt} \times IMP_j$ 的估計系數的符號及大小與全樣本迴歸的結果一致，說明進口貿易會加劇勞動力市場的波動；$lnw_{ijt} \times union\_N_{ijt} \times IMP_{jt}$ 的估計系數均為正，且在 1% 的水平上顯著，意味著壯大工會規模可以降低貿易開放對企業勞動需求彈性的影響。因此，我們認為工會可以成為就業市場的減震器，充分發揮工會的作用將能夠減輕勞動力市場的波動及部分地化解貿易開放帶來的就業風險。

表 6.10　企業工會發展對貿易開放后勞動需求彈性的影響（工會虛擬變量）

因變量（$\ln L_{ij}$）	產出可變				產出不變			
	(1)	(2)	(3)	(4)	(5)	(6)	(7)	(8)
實際工資（$\ln w_{ij}$）	-0.383***	-0.263***	-0.175***	-0.156***	-0.397***	-0.389***	-0.229***	-0.396***
	(0.005,78)	(0.006,59)	(0.006,76)	(0.006,69)	(0.005,16)	(0.005,14)	(0.004,34)	(0.005,16)
實際資本價格（$\ln r_{ij}$）	-0.325***	-0.193***	-0.101***	-0.090,2***	-0.137***	-0.109***	0.179***	-0.132***
	(0.001,57)	(0.002,25)	(0.002,19)	(0.001,78)	(0.001,64)	(0.001,42)	(0.001,56)	(0.001,40)
進口滲透率（IMP_j）	0.538***	-0.878***	0.385***	0.414***	0.108	0.235**	-0.123	0.096,1
	(0.130)	(0.148)	(0.164)	(0.164)	(0.115)	(0.115)	(0.102)	(0.115)
$\ln w_{ij} \times IMP_j$	-0.065,1***	-0.039,0**	-0.077,4***	-0.080,3***	-0.038,3***	-0.040,4***	-0.013,6	-0.038,4***
	(0.013,6)	(0.015,5)	(0.017,2)	(0.017,2)	(0.012,0)	(0.012,0)	(0.010,7)	(0.012,0)
工會虛擬變量（$union_{ij}$）	0.080,8	-0.522***	-1.274***	-1.325***	0.439***	0.401***	0.370***	0.437***
	(0.061,2)	(0.073,3)	(0.076,7)	(0.076,7)	(0.054,7)	(0.054,7)	(0.045,3)	(0.054,7)
$\ln w_{ij} \times union_{ij}$	0.016,2**	0.094,9***	0.185***	0.191***	-0.026,6***	-0.022,3***	-0.021,9***	-0.026,4***
	(0.006,64)	(0.007,99)	(0.008,35)	(0.008,35)	(0.005,93)	(0.005,91)	(0.004,92)	(0.005,93)
$\ln w_{ij} \times union_{ij} \times IMP_j$	0.004,64***	0.003,28*	0.003,00	0.002,95	0.006,61***	0.006,80***	0.007,57***	0.006,67***
	(0.001,50)	(0.001,74)	(0.001,91)	(0.001,92)	(0.001,34)	(0.001,34)	(0.001,19)	(0.001,34)
出口虛擬變量（$exportdummy_{ij}$）	0.423***	0.519***	0.598***	0.600***	0.317***	0.312***	0.205***	0.316***
	(0.004,11)	(0.004,99)	(0.005,32)	(0.005,33)	(0.003,70)	(0.003,69)	(0.003,21)	(0.003,69)
全要素生產率（$\ln TFP_{ij}^{LP\_valueadded}$）	0.659***				0.040,9***			
	(0.002,14)				(0.003,46)			
全要素生產率（$\ln TFP_{ij}^{LP\_output}$）		1.103***				-0.145***		
		(0.016,4)				(0.007,84)		
全要素生產率（$\ln TFP_{ij}^{OLS\_valueadded}$）			0.085,9***				-0.684***	
			(0.003,41)				(0.003,58)	

表6.10(續)

因變量（$\ln L_{ij}$）	產出可變				產出不變			
	(1)	(2)	(3)	(4)	(5)	(6)	(7)	(8)
全要素生產率（$\ln TFP_{ij}^{OLS\_output}$）	0.265***							0.026,3***
	(0.025,1)							(0.002,52)
工資收入比（wage_ratio$_{ij}$）		−0.150***	−0.331***	−0.368***	0.376***	0.372***	0.171***	0.374***
		(0.029,0)	(0.030,4)	(0.030,4)	(0.022,4)	(0.022,4)	(0.018,1)	(0.022,4)
年齡（age$_{ij}$）	0.011,9***	0.016,4***	0.017,6***	0.017,9***	0.012,4***	0.012,6***	0.016,7***	0.012,5***
	(0.000,417)	(0.000,517)	(0.000,607)	(0.000,607)	(0.000,316)	(0.000,314)	(0.000,286)	(0.000,315)
年齡的平方（age_{ij}^2）	1.03e−05	−6.65e−07	2.06e−05	1.86e−05	−2.71e−05	−2.87e−05	−8.48e−05	−2.79e−05
	(8.25e−06)	(1.07e−05)	(1.28e−05)	(1.29e−05)	(5.60e−06)	(5.55e−06)	(5.48e−06)	(5.58e−06)
實際產出（$\ln Q_{ij}$）					0.578***	0.633***	0.821***	0.604***
					(0.002,74)	(0.002,10)	(0.001,72)	(0.001,41)
常數項	3.754***	5.512***	6.443***	6.279***	2.282***	2.162***	−1.540***	2.300***
	(0.061,8)	(0.069,3)	(0.073,6)	(0.072,7)	(0.055,7)	(0.055,8)	(0.050,6)	(0.055,8)
產業虛擬變量	是	是	是	是	是	是	是	是
區域虛擬變量	是	是	是	是	是	是	是	是
所有制虛擬變量	是	是	是	是	是	是	是	是
樣本值	254,723	254,723	254,723	254,723	254,723	254,723	254,723	254,723
R^2	0.533	0.387	0.279	0.280	0.624	0.625	0.728	0.624

註：括號內報告的為異方差穩健標準差。***、**、*分別表示在1%、5%和10%的水平上顯著。為節約空間，產業、區域、企業年齡及其平方項，所有制虛擬變量的估計系數沒有報告。

表 6.11　企業工會發展對貿易開放後勞動需求彈性的影響（加入工會員工比例）

因變量（$\ln L_{ij}$）	(1)	(2)	(3)	(4)	(5)	(6)	(7)	(8)
	\multicolumn{4}{c	}{產出可變}	\multicolumn{4}{c	}{產出不變}
實際工資（$\ln w_{ij}$）	-0.334***	-0.206***	-0.127***	-0.056,2***	-0.346***	-0.338***	-0.197***	-0.346***
	(0.013,7)	(0.016,7)	(0.017,3)	(0.017,3)	(0.012,3)	(0.012,3)	(0.010,2)	(0.012,3)
實際資本價格（$\ln r_{ij}$）	-0.375***	-0.229***	-0.184***	-0.107***	-0.157***	-0.124***	0.174***	-0.148***
	(0.002,43)	(0.003,51)	(0.003,55)	(0.002,98)	(0.002,61)	(0.002,23)	(0.002,38)	(0.002,24)
進口滲透率（IMP_j）	0.577***	-1.267***	1.030***	1.052***	0.014,1	0.165	-0.353**	-0.006,01
	(0.185)	(0.230)	(0.245)	(0.248)	(0.165)	(0.165)	(0.146)	(0.165)
$\ln w_{ij} \times IMP_j$	-0.073,1***	-0.029,3	-0.163***	-0.166***	-0.032,5**	-0.039,2**	0.011,0	-0.032,3*
	(0.019,8)	(0.024,3)	(0.026,2)	(0.026,6)	(0.017,6)	(0.017,6)	(0.015,6)	(0.017,6)
工會成員比例（$union\_N_{ij}$）	0.294**	-0.635***	-1.697***	-1.963***	0.628***	0.575***	0.469***	0.627***
	(0.146)	(0.185)	(0.190)	(0.190)	(0.132)	(0.131)	(0.108)	(0.132)
$\ln w_{ij} \times union\_N_j$	-0.066,1***	0.035,5*	0.146***	0.177***	-0.098,0***	-0.091,9***	-0.068,8***	-0.097,9***
	(0.015,9)	(0.020,1)	(0.020,7)	(0.020,7)	(0.014,3)	(0.014,2)	(0.011,7)	(0.014,2)
$\ln w_{ij} \times union\_N_j \times IMP_j$	0.008,13**	0.006,51	0.012,7***	0.012,2**	0.006,34**	0.006,61**	0.003,19	0.006,30**
	(0.003,52)	(0.004,13)	(0.004,72)	(0.004,78)	(0.003,10)	(0.003,11)	(0.002,75)	(0.003,10)
出口虛擬變量（$exportdummy_{ij}$）	0.403***	0.557***	0.680***	0.694***	0.295***	0.291***	0.198***	0.295***
	(0.005,74)	(0.007,54)	(0.007,96)	(0.008,12)	(0.005,14)	(0.005,14)	(0.004,46)	(0.005,14)
全要素生產率（$\ln TFP_{ij}^{LP\_valueadded}$）	0.743***				0.059,0***			
	(0.002,88)				(0.005,29)			
全要素生產率（$\ln TFP_{ij}^{LP\_output}$）		1.309***				-0.126***		
		(0.023,7)				(0.011,3)		
全要素生產率（$\ln TFP_{ij}^{OLS\_valueadded}$）			0.242***				-0.682***	
			(0.005,35)				(0.005,40)	

表6.11(續)

因變量（$\ln L_{ij}$）	產出可變				產出不變			
	(1)	(2)	(3)	(4)	(5)	(6)	(7)	(8)
全要素生產率（$\ln TFP_{ij}^{OLS\_output}$）	0.270***			0.129***				0.037.4***
	(0.037.6)			(0.005.22)				(0.003.90)
工資收入比（$wage\_ratio_{ij}$）		−0.279***	−0.480***	−0.630***	0.340***	0.328***	0.115***	0.336***
		(0.046.9)	(0.049.3)	(0.049.5)	(0.033.5)	(0.033.3)	(0.027.3)	(0.033,5)
年齡（age_{ij}）	0.012.6***	0.016.5***	0.016.4***	0.017.6***	0.013.5***	0.013.6***	0.017.2***	0.013.5***
	(0.000.459)	(0.000.613)	(0.000.733)	(0.000.742)	(0.000.358)	(0.000.356)	(0.000.356)	(0.000.358)
年齡的平方（age_{ij}^2）	−1.48e−05*	−1.78e−05	1.66e−05	9.85e−06	−4.76e−05***	−4.92e−05***	−9.63e−05***	−4.82e−05***
	(7.91e−06)	(1.13e−05)	(1.38e−05)	(1.39e−05)	(5.62e−06)	(5.56e−06)	(6.38e−06)	(5.62e−06)
貸際產出（$\ln Q_{ij}$）					0.590***	0.654***	0.831***	0.628***
					(0.004.03)	(0.002.98)	(0.002.36)	(0.001.84)
常數項	3.282***	5.531***	7.054***	6.396***	2.143***	2.030***	−1.478***	2.173***
	(0.134)	(0.165)	(0.171)	(0.170)	(0.121)	(0.121)	(0.104)	(0.121)
產業虛擬變量	是	是	是	是	是	是	是	是
區域虛擬變量	是	是	是	是	是	是	是	是
所有制虛擬變量	是	是	是	是	是	是	是	是
樣本值	117,426	117,426	117,426	117,426	117,426	117,426	117,426	117,426
R^2	0.582	0.400	0.252	0.240	0.669	0.669	0.759	0.668

註：括號內報告的為異方差穩健標準差。***、**、*分別表示在1%，5%和10%的水平上顯著。為節約空間，企業年齡及其平方項，區域，產業，所有制虛擬變量的估計係數沒有報告。

6.5 貿易開放、性別差異與勞動需求彈性

6.5.1 理論基礎

現實中，女性與男性在勞動力市場上的地位不對等。文獻中一般認為造成這種差異的因素有兩個：一是人力資本效應，也就是女性和男性人力資本方面的個體特徵本身存在差異，如女性的平均教育程度要低於男性；二是歧視效應，在女性與男性個體特徵相同的情況下，女性得到的待遇低於男性。

另外，李利英和董曉媛（2008）還檢驗了性別差異中的企業效應因素。他們認為企業的外部市場環境和內部制度特徵是決定企業性別工資歧視程度的重要因素。這些企業層面的因素包括：市場競爭激烈程度、是否實行計件工資制度、內部職工收入差距、企業規模、私有產權比重、工人談判能力等。

實證文獻更多地關注女性與男性在工資方面的差異。王美豔（2005）利用五個城市的調查數據檢驗了中國城市勞動力市場上工資性別差異的源泉，認為差異在很大程度上是由歧視效應產生的；郭鳳鳴和張世偉（2010）考察了國有部門與非國有部門之間性別差異機制的不同，他們認為國有部門中的性別歧視主要來源於部門內部同工不同酬的工資歧視，而非國有部門中性別歧視主要來源於行業進入門檻帶來的就業歧視；葛玉好和曾湘泉（2011）進一步將平均工資性別差異延伸到工資分佈角度，證明性別工資差距在工資分佈的頂端越來越小，原因是人力資本特徵方面的差異較小。

目前國際上只有很少文獻檢驗了女性與男性在勞動需求彈性方面的差異，Krishna 等（2001）只是單獨檢驗了在貿易開放過程中對女性勞動需求彈性是否存在顯著影響，實證結論是貿易開放變量對女性勞動需求彈性的影響並不顯著。本研究將首次對中國的勞動需求彈性是否存在性別上的差異進行實證檢驗。

6.5.2 模型與變量設定

本部分檢驗男性與女性職工的勞動需求彈性是否相同以及貿易開放對各自勞動需求彈性的影響。用公司女性員工比例（female$_{ij}$）來捕捉性別差異，同時加入實際工資與女性比例的交互項（lnw$_{ij}$×female$_{ij}$）、實際工資與女性比例與進口滲透率的交互項（lnw$_{ij}$×female$_{ij}$×IMP$_j$）。迴歸模型為：

$$\ln L_{ij} = \alpha_0 + \alpha_1 \ln w_{ij} + \alpha_2 \ln r_{ij} + \alpha_3 \ln TFP_{ij} + \alpha_4 IMP_j + \alpha_5 \ln w_{ij} \times IMP_j$$
$$+ \alpha_6 female_{ij} + \alpha_7 \ln w_{ij} \times female_{ij} + \alpha_8 \ln w_{ij} \times female_{ij} \times IMP_j$$
$$+ \alpha_9 \ln Q_{ij} + \sum \theta_k ownershipdummy_{ik} + \sum \eta_m industrydummy_{im}$$
$$+ \sum \lambda_n regiondummy_{in} + \beta X + \varepsilon_{ij} \tag{6.5}$$

式（6.5）中，βX 為其他企業層面控制變量。為了控制可能存在的企業異質性，本書加入盡可能多的控制變量，包括出口虛擬變量（exportdummy$_{ij}$）、工資收入比（wage_ratio$_{ij}$）、企業年齡（age$_{ij}$）以及年齡的平方項（age$_{ij}^2$）；ownershipdummy、industrydummy、regiondummy 分別為企業層面的所有制虛擬變量、產業虛擬變量和區域虛擬變量。估計系數 $\hat{\alpha}_8$ 是我們重點關注的。

6.5.3 數據描述

由於數據的可獲得性，本書只能用 2004 年中國工業企業數據進行迴歸。表 6.12 給出了 2004 年以男性員工為主的企業（$0 \leq female_{ij} < 0.5$）和以女性員工為主的企業（$0.5 \leq female_{ij} \leq 1$）主要經濟變量的描述性統計。

表 6.12　　　　　　　　　　性別差異與企業主要變量統計

變量名稱	樣本值	均值	標準差	最小值	最大值
面板 A：男性員工為主的企業（$0 \leq female_{ij} < 0.5$）					
勞動力（$\ln L_{ijt}$）	168,296	4.570,307	1.134,019	0	11.695,760
實際工資（$\ln w_{ijt}$）	168,296	9.289,799	0.566,290	3.036,339	17.090,590
實際資本價格（$\ln r_{ijt}$）	168,296	0.291,056	1.485,607	-10.028	11.035,400
進口滲透率（IMP_{jt}）	168,296	0.195,082	0.225,793	5.91E-07	1.528,368
出口虛擬變量（exportdummy$_{ijt}$）	168,296	0.195,251	0.396,395	0	1
總產出（$\ln Q_{ijt}$）	168,296	9.929,243	1.328,712	1.262,987	18.591,29
全要素生產率（$\ln TFP_{ijt}^{LP\_valueadded}$）	168,296	6.363,187	1.207,847	-2.523,300	13.500,350
全要素生產率（$\ln TFP_{ijt}^{LP\_output}$）	168,296	2.486,081	0.967,928	-0.843,570	11.469,450
全要素生產率（$\ln TFP_{ijt}^{OLS\_valueadded}$）	168,296	0.040,405	0.969,148	-9.807,230	6.594,706

表6.12(續)

變量名稱	樣本值	均值	標準差	最小值	最大值
全要素生產率（$\ln\text{TFP}_{ijt}^{\text{OLS\_output}}$）	168,296	0.006,619	0.795,886	-10.061,8	9.377,806
面板B：女性員工為主的企業（$0.5 \leq \text{female}_{ij} \leq 1$）					
勞動力（$\ln L_{ijt}$）	82,004	4.835,960	1.092,432	0	11.135,970
實際工資（$\ln w_{ijt}$）	82,004	9.208,415	0.490,091	4.214,779	12.885,280
實際資本價格（$\ln r_{ijt}$）	82,004	0.473,949	1.378,799	-8.842,990	10.014,480
進口滲透率（IMP_{jt}）	82,004	0.149,615	0.211,532	5.91E-07	1.528,368
出口虛擬變量（exportdummy_{ijt}）	82,004	0.436,406	0.495,942	0	1
總產出（$\ln Q_{ijt}$）	82,004	9.843,082	1.176,152	0.564,561	17.694,470
全要素生產率（$\ln\text{TFP}_{ijt}^{\text{LP\_valueadded}}$）	82,004	6.249,346	1.054,915	-2.814,370	13.163,460
全要素生產率（$\ln\text{TFP}_{ijt}^{\text{LP\_output}}$）	82,004	2.540,331	0.886,883	-1.512,360	10.792,900
全要素生產率（$\ln\text{TFP}_{ijt}^{\text{OLS\_valueadded}}$）	82,004	-0.081,330	0.883,869	-9.540,790	5.378,093
全要素生產率（$\ln\text{TFP}_{ijt}^{\text{OLS\_output}}$）	82,004	-0.014,710	0.742,630	-8.998,490	8.756,813

[數據來源] 筆者根據中國工業企業數據庫（2004）計算、整理而得。

通過對比，可以看到，男性為主的企業占到多數，2004年有168,296家，而女性為主的企業約為前者的一半。但是，以男性為主的企業平均吸納的勞動數量不及以女性為主的企業，以女性為主的企業從事出口的比例要明顯大於以男性為主的企業，以男性為主的企業的生產率平均來看要高於以女性為主的企業。

6.5.4 計量結果分析

首先對2004年企業數據進行全樣本迴歸（見表6.13）。結果顯示，在產出不變時，$\ln w_{ij} \times \text{female}_{ij} \times \text{IMP}_j$ 的系數多數情況下顯著為負；產出可變時，均顯著為正。它說明女性比例越大的企業所承受的貿易開放帶來的勞動需求彈性衝擊越小，替代效應非常顯著，同時 $\ln w_{ij} \times \text{female}_{ij}$ 的系數也顯著為負，表明女

性比例大的企業的勞動需求更富有彈性。

　　然后分別對女性員工比例在 0.5~1.0 區間和 0~0.5 區間的企業進行異方差穩健的 OLS 迴歸。表 6.14 報告了以女性為主的企業（$0.5 \leq \text{female}_{ij} \leq 1$）的迴歸結果，$\ln w_{ij} \times \text{female}_{ij} \times \text{IMP}_j$ 的系數為正且在產出可變時顯著，意味著貿易開放對男性員工的就業波動衝擊較大；產出不變時不顯著，它說明勞動需求彈性變化主要通過規模效應機制來實現。

　　表 6.15 報告了以男性員工為主的企業（$0 \leq \text{female}_{ij} < 0.5$）的迴歸結果，發現 $\ln w_{ij} \times \text{female}_{ij} \times \text{IMP}_j$ 的系數為負，呈現微弱的顯著性，說明在以男性為主的企業中，貿易開放對女性員工的就業衝擊較男性員工大；另外，進口貿易對勞動需求彈性的影響與之前部分的結果也較一致，絕大多數情形下實際工資與進口滲透率的系數均顯著為負，再次證明貿易開放增加勞動需求彈性的結論非常穩健。

表 6.13　性別差異與勞動需求彈性的全樣本分析

因變量（$\ln L_{ij}$）	產出可變				產出不變			
	(1)	(2)	(3)	(4)	(5)	(6)	(7)	(8)
實際工資（$\ln w_{ij}$）	-0.294***	-0.110***	0.050,4***	0.092,3***	-0.355***	-0.344***	-0.215***	-0.354***
	(0.007,43)	(0.009,28)	(0.009,36)	(0.009,32)	(0.006,67)	(0.006,66)	(0.005,61)	(0.006,67)
實際資本價格（$\ln r_{ij}$）	-0.342***	-0.212***	-0.140***	-0.111***	-0.152***	-0.119***	0.162***	-0.143***
	(0.001,59)	(0.002,31)	(0.002,26)	(0.001,82)	(0.001,67)	(0.001,44)	(0.001,60)	(0.001,42)
進口滲透率（IMP_j）	0.612***	-0.861***	0.614***	0.650***	0.111	0.210*	-0.184*	0.093,3
	(0.131)	(0.153)	(0.168)	(0.169)	(0.118)	(0.118)	(0.107)	(0.118)
$\ln w_{ij} \times IMP_j$	-0.085,0***	-0.066,8***	-0.127***	-0.132***	-0.044,8***	-0.046,1***	-0.012,2	-0.044,9***
	(0.013,6)	(0.015,7)	(0.017,4)	(0.017,5)	(0.012,1)	(0.012,2)	(0.011,0)	(0.012,1)
女性比例（$female_{ij}$）	1.650***	1.921***	2.657***	2.670***	1.101***	1.105***	0.539***	1.098***
	(0.134)	(0.155)	(0.165)	(0.165)	(0.120)	(0.119)	(0.098,9)	(0.120)
$\ln w_{ij} \times female_{ij}$	-0.109***	-0.144***	-0.231***	-0.238***	-0.047,5***	-0.048,8***	-0.008,83	-0.047,2***
	(0.014,6)	(0.016,9)	(0.018,0)	(0.018,1)	(0.013,0)	(0.013,0)	(0.010,8)	(0.013,0)
$\ln w_{ij} \times female_{ij} \times IMP_j$	0.001,59	0.012,2***	0.028,4***	0.032,0***	-0.009,45***	-0.008,91**	-0.003,73	-0.009,54***
	(0.003,97)	(0.004,62)	(0.005,10)	(0.005,11)	(0.003,59)	(0.003,60)	(0.003,25)	(0.003,59)
出口虛擬變量（$exportdummy_{ij}$）	0.384***	0.496***	0.591***	0.598***	0.276***	0.272***	0.182***	0.276***
	(0.004,15)	(0.005,20)	(0.005,52)	(0.005,56)	(0.003,70)	(0.003,70)	(0.003,25)	(0.003,71)
全要素生產率（$\ln TFP_{ij}^{LP\_valueadded}$）	0.682***				0.062,0***			
	(0.002,12)				(0.003,47)			

表6.13（续1）

因变量（$\ln L_{ij}$）	产出可变				产出不变			
	(1)	(2)	(3)	(4)	(5)	(6)	(7)	(8)
全要素生产率（$\ln\text{TFP}^{LP}_{ij\_output}$）		1.180***				-0.127***		
		(0.017.0)				(0.007.87)		
全要素生产率（$\ln\text{TFP}^{OLS}_{ij\_valueadded}$）			0.141***				-0.661***	
			(0.003.51)				(0.003.66)	
全要素生产率（$\ln\text{TFP}^{OLS}_{ij\_output}$）				0.126***				0.039.6***
				(0.003.26)				(0.002.54)
集体企业虚拟变量（COE_{ij}）	-0.160***	-0.262***	-0.332***	-0.341***	-0.136***	-0.140***	-0.173***	-0.136***
	(0.007.14)	(0.007.93)	(0.008.72)	(0.008.68)	(0.006.58)	(0.006.59)	(0.005.54)	(0.006.58)
外商投资企业虚拟变量（FDI_{ij}）	-0.170***	-0.136***	-0.093.1***	-0.101***	-0.144***	-0.138***	-0.171***	-0.142***
	(0.006.67)	(0.008.02)	(0.008.74)	(0.008.78)	(0.005.88)	(0.005.88)	(0.005.13)	(0.005.88)
港澳台投资企业虚拟变量（HMK_{ij}）	-0.055.6***	-0.058.3***	-0.028.5***	-0.028.7***	-0.043.6***	-0.038.5***	-0.008.75*	-0.044.5***
	(0.006.59)	(0.007.81)	(0.008.50)	(0.008.52)	(0.005.83)	(0.005.83)	(0.005.14)	(0.005.83)
私人企业虚拟变量（private_{ij}）	-0.188***	-0.276***	-0.353***	-0.356***	-0.155***	-0.158***	-0.136***	-0.155***
	(0.004.28)	(0.004.97)	(0.005.34)	(0.005.34)	(0.003.81)	(0.003.81)	(0.003.23)	(0.003.81)
国有企业虚拟变量（SOE_{ij}）	0.048.6***	-0.179***	-0.410***	-0.393***	0.203***	0.206***	0.589***	0.195***
	(0.008.52)	(0.011.4)	(0.012.5)	(0.012.6)	(0.007.30)	(0.007.32)	(0.006.72)	(0.007.33)
工资收入比（wage_ratio_{ij}）	0.173***	-0.291***	-0.485***	-0.552***	0.288***	0.279***	0.099.2***	0.285***
	(0.024.6)	(0.029.2)	(0.031.0)	(0.030.9)	(0.022.0)	(0.022.0)	(0.018.3)	(0.022.0)

表6.13(續2)

因變量（$\ln L_{ij}$）	產出可變				產出不變			
	(1)	(2)	(3)	(4)	(5)	(6)	(7)	(8)
年齡（age_{ij}）	0.015,1***	0.022,0***	0.024,5***	0.025,2***	0.015,2***	0.015,5***	0.019,3***	0.015,2***
	(0.000,374)	(0.000,476)	(0.000,543)	(0.000,543)	(0.000,295)	(0.000,294)	(0.000,288)	(0.000,295)
年齡的平方（age_{ij}^2）	−2.10e−05***	−5.51e−05***	−4.34e−05***	−4.89e−05***	−5.28e−05***	−5.60e−05***	−0.000,110***	−5.41e−05***
	(7.12e−06)	(9.65e−06)	(1.12e−05)	(1.12e−05)	(5.04e−06)	(4.99e−06)	(5.59e−06)	(5.04e−06)
實際產出（$\ln Q_{ij}$）					0.577***	0.643***	0.826***	0.617***
					(0.002,75)	(0.002,10)	(0.001,73)	(0.001,40)
常數項	2.907***	4.238***	4.699***	4.330***	1.867***	1.722***	−1.610***	1.893***
	(0.075,6)	(0.089,1)	(0.096,1)	(0.095,5)	(0.068,4)	(0.068,6)	(0.060,8)	(0.068,5)
產業虛擬變量	是	是	是	是	是	是	是	是
區域虛擬變量	是	是	是	是	是	是	是	是
樣本數	245,144	245,144	245,144	245,144	245,144	245,144	245,144	245,144
R^2	0.541	0.383	0.260	0.259	0.632	0.633	0.729	0.632

註：括號內報告的為異方差穩健標準差。***、**、*分別表示在1%，5%和10%的水平上顯著。為節約空間，區域虛擬變量，產業虛擬變量的估計系數沒有報告。

表 6.14　性別差異與勞動需求彈性的迴歸分析（$0.5 \leq \text{female}_{ij} \leq 1$）

因變量（$\ln L_{ij}$）	產出可變				產出不變			
	(1)	(2)	(3)	(4)	(5)	(6)	(7)	(8)
實際工資（$\ln w_{ij}$）	-0.397***	-0.209***	-0.111**	-0.075.7*	-0.400***	-0.394***	-0.228***	-0.401***
	(0.036.5)	(0.042.2)	(0.045.1)	(0.045.1)	(0.032.3)	(0.032.2)	(0.026.6)	(0.032.3)
實際資本價格（$\ln r_{ij}$）	-0.310***	-0.193***	-0.120***	-0.098.9***	-0.116***	-0.096.8***	0.188***	-0.118***
	(0.002.78)	(0.004.29)	(0.003.87)	(0.003.15)	(0.002.86)	(0.002.46)	(0.002.76)	(0.002.44)
進口滲透率（IMP_j）	0.979***	-1.176***	-0.033.0	-0.149	1.451***	1.630***	1.242***	1.455***
	(0.288)	(0.345)	(0.358)	(0.360)	(0.268)	(0.268)	(0.232)	(0.268)
$\ln w_{ij} \times \text{IMP}_j$	-0.110***	-0.044.8	-0.065.3*	-0.057.7	-0.161***	-0.167***	-0.132***	-0.163***
	(0.028.3)	(0.034.7)	(0.035.6)	(0.035.9)	(0.025.7)	(0.025.8)	(0.022.6)	(0.025.8)
女性比例（female_{ij}）	0.621	1.237**	1.310**	1.319**	0.597	0.582	0.317	0.606
	(0.471)	(0.537)	(0.574)	(0.574)	(0.417)	(0.416)	(0.341)	(0.418)
$\ln w_{ij} \times \text{female}_{ij}$	-0.002.80	-0.086.4	-0.107*	-0.113*	0.002.25	0.002.94	0.008.69	0.001.26
	(0.051.2)	(0.058.6)	(0.062.7)	(0.062.7)	(0.045.4)	(0.045.2)	(0.037.2)	(0.045.4)
$\ln w_{ij} \times \text{female}_{ij} \times \text{IMP}_j$	0.023.5**	0.051.3***	0.061.9***	0.065.3***	0.006.16	0.005.28	-0.002.47	0.006.45
	(0.011.8)	(0.013.9)	(0.015.8)	(0.015.8)	(0.010.7)	(0.010.8)	(0.009.77)	(0.010.7)
出口虛擬變量（exportdummy_{ij}）	0.381***	0.448***	0.517***	0.520***	0.270***	0.267***	0.155***	0.271***
	(0.006.42)	(0.007.65)	(0.008.10)	(0.008.11)	(0.005.79)	(0.005.77)	(0.005.02)	(0.005.79)
全要素生產率（$\ln \text{TFP}_{ij}^{\text{LP\_valueadded}}$）	0.667***				0.020.1***			
	(0.003.96)				(0.006.26)			

表6.14(續1)

因變量($\ln L_{ij}$)	產出可變				產出不變			
	(1)	(2)	(3)	(4)	(5)	(6)	(7)	(8)
全要素生產率($\ln \text{TFP}_{ij}^{LP\_output}$)		1.169***				-0.133***		
		(0.034,6)				(0.013,4)		
全要素生產率($\ln \text{TFP}_{ij}^{OLS\_valueadded}$)			0.131***				-0.702***	
			(0.006,27)				(0.006,77)	
全要素生產率($\ln \text{TFP}_{ij}^{OLS\_output}$)				0.126***				0.027,0***
				(0.005,85)				(0.004,47)
集體企業虛擬變量(COE_{ij})	-0.073,7***	-0.154***	-0.218***	-0.227***	-0.060,1***	-0.063,9***	-0.115***	-0.059,0***
	(0.014,7)	(0.016,1)	(0.017,9)	(0.017,8)	(0.013,5)	(0.013,6)	(0.011,1)	(0.013,5)
外商投資企業虛擬變量(FDI_{ij})	-0.015,0	0.019,4	0.072,4***	0.062,5***	-0.005,46	-0.001,93	-0.056,9***	-0.005,45
	(0.011,1)	(0.013,1)	(0.014,2)	(0.014,3)	(0.009,82)	(0.009,81)	(0.008,44)	(0.009,81)
港澳臺投資企業虛擬變量(HMK_{ij})	0.038,0***	0.045,6***	0.083,6***	0.080,4***	0.049,1***	0.053,4***	0.078,7***	0.047,5***
	(0.010,9)	(0.012,7)	(0.013,9)	(0.013,9)	(0.009,57)	(0.009,57)	(0.008,25)	(0.009,57)
私人企業虛擬變量(private_{ij})	-0.167***	-0.237***	-0.309***	-0.313***	-0.127***	-0.129***	-0.105***	-0.127***
	(0.008,24)	(0.009,48)	(0.010,3)	(0.010,3)	(0.007,24)	(0.007,22)	(0.006,01)	(0.007,24)
國有企業虛擬變量(SOE_{ij})	-0.145***	-0.495***	-0.783***	-0.767***	0.077,0***	0.080,9***	0.566***	0.071,0***
	(0.020,7)	(0.027,6)	(0.030,0)	(0.030,6)	(0.017,4)	(0.017,4)	(0.015,6)	(0.017,4)
工資收入比(wage_ratio_{ij})	0.429***	0.024,1	-0.105**	-0.164***	0.470***	0.467***	0.198***	0.472***
	(0.043,0)	(0.049,7)	(0.052,7)	(0.052,5)	(0.038,5)	(0.038,4)	(0.031,7)	(0.038,5)

表6.14(續2)

因變量 ($\ln L_{ij}$)	產出可變				產出不變			
	(1)	(2)	(3)	(4)	(5)	(6)	(7)	(8)
年齡 (age_{ij})	0.015,5***	0.024,5***	0.028,8***	0.029,5***	0.014,9***	0.015,1***	0.019,0***	0.014,8***
	(0.000,610)	(0.000,868)	(0.001,05)	(0.001,05)	(0.000,550)	(0.000,554)	(0.000,553)	(0.000,552)
年齡的平方 (age_{ij}^2)	−7.35e−05***	−0.000,162***	−0.000,192***	−0.000,199***	−7.44e−05***	−7.55e−05***	−0.000,105***	−7.43e−05***
	(1.04e−05)	(1.82e−05)	(2.39e−05)	(2.40e−05)	(9.36e−06)	(9.54e−06)	(1.17e−05)	(9.45e−06)
實際產出 ($\ln Q_{ij}$)					0.613***	0.651***	0.862***	0.625***
					(0.004,93)	(0.003,62)	(0.003,22)	(0.002,56)
常數項	3.339***	4.834***	5.818***	5.577***	1.518***	1.401***	−2.370***	1.549***
	(0.387)	(0.440)	(0.473)	(0.472)	(0.360)	(0.360)	(0.309)	(0.360)
產業虛擬變量	是	是	是	是	是	是	是	是
區域虛擬變量	是	是	是	是	是	是	是	是
樣本數	78,422	78,422	78,422	78,422	78,422	78,422	78,422	78,422
R^2	0.515	0.371	0.257	0.257	0.615	0.616	0.723	0.615

註：括號內報告的為異方差穩健標準差。***、**、*分別表示在1%、5%和10%的水平上顯著。為節約空間，區域虛擬變量，產業虛擬變量的估計系數沒有報告。

表 6.15　性別差異與勞動需求彈性的迴歸分析（0≤female$_{ij}$<0.5）

因變量（lnL$_{ij}$）	產出可變				產出不變			
	(1)	(2)	(3)	(4)	(5)	(6)	(7)	(8)
實際工資（lnw$_{ij}$）	-0.289***	-0.123***	0.015,2	0.061,8***	-0.349***	-0.338***	-0.210***	-0.347***
	(0.010,0)	(0.012,2)	(0.012,4)	(0.012,4)	(0.009,01)	(0.008,98)	(0.007,49)	(0.009,00)
實際資本價格（lnr$_{ij}$）	-0.356***	-0.219***	-0.151***	-0.116***	-0.170***	-0.130***	0.147***	-0.155***
	(0.001,94)	(0.002,76)	(0.002,77)	(0.002,21)	(0.002,05)	(0.001,76)	(0.001,96)	(0.001,74)
進口滲透率（IMP$_j$）	0.420***	-0.842***	0.753***	0.837***	-0.302**	-0.245*	-0.587***	-0.340**
	(0.151)	(0.175)	(0.197)	(0.198)	(0.136)	(0.136)	(0.124)	(0.136)
lnw$_{ij}$×IMP$_j$	-0.059,0***	-0.057,0***	-0.133***	-0.143***	0.003,12	0.004,01	0.031,0**	0.004,55
	(0.015,8)	(0.018,2)	(0.020,5)	(0.020,6)	(0.014,2)	(0.014,2)	(0.013,0)	(0.014,2)
女性比例（female$_{ij}$）	0.863***	0.297	0.211	0.207	0.594**	0.539**	0.270	0.575**
	(0.295)	(0.348)	(0.373)	(0.373)	(0.264)	(0.264)	(0.219)	(0.264)
lnw$_{ij}$×female$_{ij}$	-0.039,2	0.036,4	0.044,3	0.042,0	-0.012,0	-0.006,62	0.009,50	-0.009,80
	(0.031,9)	(0.037,8)	(0.040,5)	(0.040,6)	(0.028,6)	(0.028,5)	(0.023,7)	(0.028,5)
lnw$_{ij}$×female$_{ij}$×IMP$_j$	-0.012,7	-0.027,8***	-0.004,73	-0.001,88	-0.016,2**	-0.014,0*	-0.005,33	-0.016,4**
	(0.007,90)	(0.009,15)	(0.010,2)	(0.010,2)	(0.007,16)	(0.007,19)	(0.006,40)	(0.007,17)
出口虛擬變量（exportdummy$_{ij}$）	0.370***	0.510***	0.622***	0.632***	0.264***	0.260***	0.187***	0.263***
	(0.005,45)	(0.007,04)	(0.007,46)	(0.007,54)	(0.004,82)	(0.004,83)	(0.004,26)	(0.004,82)
全要素生產率（lnTFP$_{ij}^{LP\_valueadded}$）	0.685***				0.084,4***			
	(0.002,51)				(0.004,14)			

表6.15（續1）

因變量（$\ln L_{ij}$）	產出可變				產出不變			
	(1)	(2)	(3)	(4)	(5)	(6)	(7)	(8)
全要素生產率（$\ln \text{TFP}_{ij}^{LP\_output}$）		1.174***						
		(0.019,5)						
全要素生產率（$\ln \text{TFP}_{ij}^{OLS\_valueadded}$）			0.152***				−0.634***	
			(0.004,22)				(0.004,38)	
全要素生產率（$\ln \text{TFP}_{ij}^{OLS\_output}$）				0.126***		−0.115***		0.046,9***
				(0.003,92)		(0.009,48)		(0.003,06)
集體企業虛擬變量（COE_{ij}）	−0.183***	−0.290***	−0.359***	−0.369***	−0.157***	−0.163***	−0.191***	−0.157***
	(0.008,17)	(0.009,12)	(0.010,0)	(0.009,96)	(0.007,52)	(0.007,53)	(0.006,40)	(0.007,53)
外商投資企業虛擬變量（FDI_{ij}）	−0.281***	−0.240***	−0.200***	−0.206***	−0.243***	−0.234***	−0.252***	−0.238***
	(0.008,50)	(0.010,4)	(0.011,4)	(0.011,4)	(0.007,49)	(0.007,49)	(0.006,58)	(0.007,49)
港澳臺投資企業虛擬變量（HMK_{ij}）	−0.131***	−0.139***	−0.117***	−0.115***	−0.115***	−0.110***	−0.073,3***	−0.116***
	(0.008,48)	(0.010,2)	(0.011,0)	(0.011,1)	(0.007,52)	(0.007,53)	(0.006,73)	(0.007,52)
私人企業虛擬變量（private_{ij}）	−0.194***	−0.288***	−0.364***	−0.367***	−0.163***	−0.166***	−0.144***	−0.164***
	(0.005,01)	(0.005,84)	(0.006,25)	(0.006,25)	(0.004,49)	(0.004,48)	(0.003,83)	(0.004,49)
國有企業虛擬變量（SOE_{ij}）	0.080,9***	−0.114***	−0.331***	−0.308***	0.218***	0.221***	0.577***	0.208***
	(0.009,30)	(0.012,4)	(0.013,6)	(0.013,7)	(0.008,04)	(0.008,06)	(0.007,48)	(0.008,08)
工資收入比（wage_ratio_{ij}）	0.034,0	−0.446***	−0.662***	−0.737***	0.185***	0.175***	0.041,4*	0.180***
	(0.029,8)	(0.035,9)	(0.038,0)	(0.038,0)	(0.026,7)	(0.026,6)	(0.022,3)	(0.026,7)

表6.15（續2）

因變量（$\ln L_{ij}$）	產出可變				產出不變			
	(1)	(2)	(3)	(4)	(5)	(6)	(7)	(8)
年齡（age_{ij}）	0.015,4***	0.021,4***	0.023,0***	0.023,7***	0.015,5***	0.015,9***	0.019,4***	0.015,6***
	(0.000,445)	(0.000,578)	(0.000,675)	(0.000,677)	(0.000,351)	(0.000,349)	(0.000,337)	(0.000,350)
年齡的平方（age_{ij}^2）	-1.75e-05**	-3.66e-05***	-1.21e-05	-1.74e-05	-5.31e-05***	-5.68e-05***	-0.000,111***	-5.50e-05***
	(8.37e-06)	(1.16e-05)	(1.37e-05)	(1.37e-05)	(6.00e-06)	(5.93e-06)	(6.37e-06)	(5.97e-06)
實際產出（$\ln Q_{ij}$）					0.556***	0.635***	0.807***	0.611***
					(0.003,29)	(0.002,55)	(0.002,06)	(0.001,67)
常數項	3.011***	4.512***	5.180***	4.763***	1.998***	1.860***	-1.390***	2.025***
	(0.099,7)	(0.117)	(0.125)	(0.124)	(0.090,1)	(0.090,2)	(0.078,8)	(0.090,2)
產業虛擬變量	是	是	是	是	是	是	是	是
區域虛擬變量	是	是	是	是	是	是	是	是
樣本數	163,842	163,842	163,842	163,842	163,842	163,842	163,842	163,842
R^2	0.552	0.388	0.261	0.259	0.640	0.640	0.730	0.640

註：括號內報告的為異方差穩健標準差。***、**、*分別表示在1%、5%和10%的水平上顯著。為節約空間，區域虛擬變量、產業虛擬變量的估計係數沒有報告。

6.6 貿易開放、熟練勞動力與勞動需求彈性

6.6.1 理論基礎

熟練勞動力與非熟練勞動力在貿易開放中受到的影響是不均衡的，為此大量文獻圍繞技能溢價（Skill Premium）展開研究。技術層次不同的勞動者的工資或者就業增長幅度不同的原因，根據現有文獻可以歸納為以下幾類：

（1）非熟練勞動力的移民或湧入。非熟練勞動力的供給增加，導致該類型勞動力的報酬下降，熟練勞動力的相對工資增加。但是，這一因素不能夠解釋熟練勞動力的相對就業量也增加的現象。

（2）資本累積的作用。Acosta 和 Gasparini（2007）通過對阿根廷製造業部門的實證檢驗發現，資本更為密集的部門，熟練勞動力和非熟練勞動的工資收入差距增大的情況更為顯著。

（3）技能偏向的技術進步（Skill-Biased Technology Change）。基本觀點是技術創新更多地發生在熟練勞動力聚集的產業部門或公司，促進這些部門生產率更快地增長，帶來工資方面更大的差距。

（4）貿易開放帶來的產品相對價格的變動。在實證研究技術差異與勞動需求彈性關係的文獻中，Slaughter（2001）區分了貿易開放對生產性勞動力與非生產性勞動力的影響差異。他認為貿易開放顯著提高了生產性勞動力的需求彈性，而對非生產性勞動力的需求彈性沒有顯著影響。Fajnzylber 和 Maloney（2005）區分了藍領與白領工人，結論是藍領工人受到的勞動需求彈性方面的衝擊要更大；Naseem 和 Amamat（2007）考慮了生產性勞動力與非生產性勞動力的差異，非生產性勞動力的估計系數要大於生產性勞動力（這裡指的是絕對值），但是在統計上並不顯著；Hakkala（2010）區分了不同技術層次的勞動者，發現外資企業裡中間層次的勞動者的勞動需求彈性要高於本土企業。

本部分將首次利用中國工業企業數據庫對貿易開放中技術差異與勞動需求彈性的關係進行檢驗。

6.6.2 模型與變量設定

中國工業企業數據庫中沒有納入表示熟練勞動力與非熟練勞動力（或者生產性勞動者與非生產性勞動者）的變量，因此本部分熟練勞動力的度量選用兩類代理變量：

6.6.2.1 企業中各教育層次員工的比例

引入企業中研究生及以上學歷員工比例（Gra_{ij}）、本科學歷員工比例（Un_Gra_{ij}）、專科學歷員工比例（Col_{ij}）、高中學歷員工比例（$High_{ij}$）、初中及以下學歷員工比例（Mid_{ij}）以及各比例變量與實際工資及進口滲透率的交叉項，來檢驗擁有不同比例的企業勞動需求彈性受到的貿易開放的影響是否相同。研究生及以上學歷的勞動者代表著熟練勞動力，而高中及以下學歷的勞動者則代表著非熟練勞動力。

6.6.2.2 企業中各類技術層次員工的比例

引入企業中高級技師的比例（$hightech_{ij}$）、技師比例（$tech_{ij}$）、高級工比例（$highworker_{ij}$）、中級工比例（$worker_{ij}$）① 以及各比例變量與實際工資及行業進口滲透率的交互項，檢驗擁有不同技術層次員工比例的企業在貿易開放中受到的勞動需求彈性方面的衝擊有何不同。高級技師和技師代表著熟練勞動力，而高級工和中級工代表著非熟練勞動力。

要估計的模型為：

$$lnL_{ij} = \alpha_0 + \alpha_1 lnw_{ij} + \alpha_2 lnr_{ij} + \alpha_3 lnTFP_{ij} + \alpha_4 IMP_j + \alpha_5 lnw_{ijt} \times IMP_j$$
$$+ \alpha_6 lnw_{ij} \times Skill_{ij} \times IMP_j + \alpha_7 lnQ_{ij} + \sum \theta_k ownershipdummy_{ik}$$
$$+ \sum \eta_m industrydummy_{im} + \sum \lambda_n ownershipdummy_{in} + \beta X + \varepsilon_{ij} \qquad (6.6)$$

式（6.6）中，$Skill_{ij}$為兩種指標裡各類的比例，其餘需要控制的變量包括出口虛擬變量（$exportdummy_{ij}$）、工資收入比（$wage\_ratio_{ij}$）、企業年齡（age_{ij}）以及年齡的平方項（age_{ij}^2）以及產業、區域、所有制虛擬變量。

6.6.3 數據描述

數據來源於中國工業企業數據庫2004年的數據。實證檢驗分為三個部分：全樣本迴歸、高技術企業樣本迴歸與低技術企業樣本迴歸。三個樣本的主要變量的描述性統計報告在表6.16中。可以看到，現階段中國企業勞動力的平均受教育程度仍以初中及以下為主，這一程度的勞動力占總數的53.73%，研究生及以上勞動力的比重非常低。高級技師和技師的比重也不足，分別為0.31%和0.89%，反應了中國仍以不熟練勞動力為主的現狀。

---

① 中國職業資格證書分為五個等級：初級（五級）、中級（四級）、高級（三級）、技師（二級）和高級技師（一級）。中級工相當於操作工，高級工要求具有較高的編程能力和工藝處理能力。這五個等級從低到高，在理論水平和生產經驗方面的要求逐步提高。

表 6.16　企業技術層次主要變量基本統計（2004）

變量名稱	全樣本 樣本數	全樣本 均值	全樣本 標準差	高技術企業 樣本數	高技術企業 均值	高技術企業 標準差	低技術企業 樣本數	低技術企業 均值	低技術企業 標準差
勞動力（lnL_{ij}）	242,008	4.668,025	1.127,916	70,263	4.670,534	1.130,688	171,745	4.666,999	1.126,781
實際工資（lnw_{ij}）	242,008	9.265,017	0.544,632	70,263	9.388,803	0.557,285	171,745	9.214,375	0.531,120
實際資本價格（lnr_{ij}）	242,008	0.351,967	1.453,220	70,263	0.497,032	1.441,999	171,745	0.292,619	1.453,623
實際產出（lnQ_{ij}）	242,008	9.910,567	1.284,126	70,263	9.946,768	1.335,026	171,745	9.895,757	1.262,415
$lnTFP_{ij}^{LP\_valueadded}$	242,008	6.332,804	1.162,361	70,263	6.418,416	1.176,762	171,745	6.297,779	1.154,593
$lnTFP_{ij}^{LP\_output}$	242,008	2.507,331	0.944,953	70,263	2.384,718	1.062,958	171,745	2.557,494	0.887,322
$lnTFP_{ij}^{OLS\_valueadded}$	242,008	0.001,346	0.943,859	70,263	0.001,160	0.974,585	171,745	0.001,423	0.931,000
$lnTFP_{ij}^{OLS\_output}$	242,008	0.000,161	0.778,920	70,263	0.000,747	0.829,022	171,745	−7.9E−05	0.757,471
研究生及以上（Gra_{ij}）	242,008	0.003,575	0.021,354	70,263	0.006,814	0.031,176	171,745	0.002,249	0.015,455
本科（Un_Gra_{ij}）	242,008	0.036,920	0.081,241	70,263	0.063,095	0.113,521	171,745	0.026,211	0.060,275
專科（Col_{ij}）	242,008	0.084,662	0.108,628	70,263	0.111,639	0.120,779	171,745	0.073,625	0.101,194

表6.16(續)

變量名稱	全樣本 樣本數	全樣本 均值	全樣本 標準差	高技術企業 樣本數	高技術企業 均值	高技術企業 標準差	低技術企業 樣本數	低技術企業 均值	低技術企業 標準差
高中（$High_{ij}$）	242,008	0.329,287	0.226,996	70,263	0.358,625	0.226,665	171,745	0.317,284	0.226,037
初中及以下（Mid_{ij}）	242,008	0.537,327	0.291,662	70,263	0.457,585	0.294,520	171,745	0.569,950	0.284,105
高級技師（$hightech_{ij}$）	242,008	0.003,161	0.017,081	70,263	0.004,988	0.022,038	171,745	0.002,413	0.014,509
技師（$tech_{ij}$）	242,008	0.008,918	0.032,886	70,263	0.012,932	0.040,053	171,745	0.007,276	0.029,297
高級工（$highworker_{ij}$）	242,008	0.018,599	0.061,510	70,263	0.026,605	0.071,822	171,745	0.015,324	0.056,427
中級工（$worker_{ij}$）	242,008	0.041,232	0.107,007	70,263	0.056,169	0.121,318	171,745	0.035,120	0.099,925

對比高技術產業與低技術產業，可以發現，高技術產業中的熟練勞動力，如研究生及以上文化程度的勞動者、高級技師和技師比例均高於低技術產業。在接下來的檢驗中，本書將分別考察高技術產業與低技術產業中不同技能層次勞動者的勞動需求彈性的差異。

6.6.4 計量結果分析

鑒於高技術產業與低技術產業[①]所雇傭勞動力技能層次的差異，對高技術企業和低技術企業分別進行迴歸。

6.6.4.1 以各教育程度勞動力比例為解釋變量的迴歸結果

表6.17報告了利用中國工業企業數據庫2004年全樣本、以各教育程度勞動力比例為解釋變量的迴歸結果。比較這五個交互項 $Gra_{ijt}\times lnw_{ijt}\times IMP_{jt}$、$UnderGra_{ijt}\times lnw_{ijt}\times IMP_{jt}$、$Col_{ijt}\times lnw_{ijt}\times IMP_{jt}$、$High_{ijt}\times lnw_{ijt}\times IMP_{jt}$、$Mid_{ijt}\times lnw_{ijt}\times IMP_{jt}$ 的估計係數，可以發現，專科及以上勞動力比例的係數絕對值要遠大於高中及以下的估計係數，說明專科、本科、碩士及以上員工多的企業所受到的貿易開放的衝擊要大於以高中和初中及以下文化程度勞動力為主的企業，其中 $Col_{ijt}\times lnw_{ijt}\times IMP_{jt}$ 的估計係數的絕對值最大，說明中等技能水平的勞動力在貿易開放中的就業風險最大。

表6.18和表6.19分別匯報了對高技術企業與低技術企業進行異方差穩健的OLS迴歸的結果。這兩個表格提供的信息有：

（1）同表6.17報告的結論一致，熟練勞動力比非熟練勞動力受到的貿易開放的就業波動衝擊更大，$Gra_{ijt}\times lnw_{ijt}\times IMP_{jt}$、$UnderGra_{ijt}\times lnw_{ijt}\times IMP_{jt}$ 和 $Col_{ijt}\times lnw_{ijt}\times IMP_{jt}$ 估計係數的絕對值要顯著高於 $High_{ijt}\times lnw_{ijt}\times IMP_{jt}$ 和 $Mid_{ijt}\times lnw_{ijt}\times IMP_{jt}$。

（2）這種衝擊對於在低技術企業就業的熟練勞動力來講，更為顯著。低技術企業迴歸中的 $Gra_{ijt}\times lnw_{ijt}\times IMP_{jt}$、$UnderGra_{ijt}\times lnw_{ijt}\times IMP_{jt}$ 和 $Col_{ijt}\times lnw_{ijt}\times IMP_{jt}$ 的係數絕對值要明顯大於高技術企業。

6.6.4.2 以各技術層次員工比例為解釋變量的迴歸結果

表6.20報告了對中國工業企業數據庫2004年全樣本、以各技術層次員工比例為解釋變量的迴歸結果。$hightech_{ij}\times lnw_{ij}\times IMP_{j}$ 和 $tech_{ij}\times lnw_{ij}\times IMP_{j}$ 的係數均顯著為負，而 $highworker_{ij}\times lnw_{ij}\times IMP_{j}$ 和 $Mid_{ijt}\times lnw_{ijt}\times IMP_{j}$ 的估計係數均顯著

[①] 這裡採用《中國高技術產業統計分類目錄》對「高技術產業」的分類。按照盛斌和牛蕊（2009）的分類進行迴歸也可以得到一致的結論。限於篇幅，這裡沒有報告。

為正，說明較高的熟練勞動力（高級技師和技師）比例能夠放大貿易開放對勞動需求彈性的影響，而相對不熟練的勞動力（高級工和中級工）較高的比例卻能夠一定程度地抵減貿易開放對勞動需求彈性的衝擊。

表6.21和表6.22分別報告了對高技術企業與低技術企業進行異方差穩健的OLS迴歸的結果。這兩個表格提供的信息與表6.18和表6.19提供的信息基本一致：一是熟練勞動力比非熟練勞動力受到的貿易開放的就業波動衝擊更大；二是低技術企業迴歸中的 $hightech_{ij} \times lnw_{ij} \times IMP_j$ 和 $tech_{ij} \times lnw_{ij} \times IMP_j$ 的係數絕對值要明顯大於高技術企業中的係數，它說明貿易開放對勞動需求彈性的衝擊對於在低技術企業就業的熟練勞動力來講更為顯著。

總的來看，熟練勞動力比非熟練勞動力更容易受到貿易開放的就業波動衝擊，尤其是在高技術企業就業的熟練勞動力。

特別地，斯托爾珀—薩繆爾森定理（The Stolper-Samuelson Theorem，簡稱S-S定理，1941）預測，在經典的2×2×2貿易開放模型中，一國的豐裕要素（密集使用的要素）在對外開放中獲得的收益更大，相對收益提高。應用到中國，當前中國最充裕的要素是不熟練勞動力，因此理論上可以說，中國的不熟練勞動力在貿易開放中獲益最大，其他稀缺要素例如熟練勞動力獲益相對較小。根據本部分我們實證得出的結論，熟練勞動力除了相對工資水平下降外，勞動需求彈性增大帶來的風險和損失也要高於非熟練勞動力。改革開放進程中應該重點關注熟練勞動力群體所面臨的風險。

表 6.17 教育水平與勞動需求彈性的全樣本迴歸分析

因變量 (lnL_{ijt})	產出可變				產出不變			
	(1)	(2)	(3)	(4)	(5)	(6)	(7)	(8)
實際工資 (lnw_{ijt})	-0.376***	-0.208***	-0.075,8***	-0.038,4***	-0.413***	-0.401***	-0.245***	-0.412***
	(0.004,86)	(0.006,24)	(0.006,18)	(0.006,10)	(0.004,35)	(0.004,33)	(0.003,75)	(0.004,35)
實際資本價格 (lnr_{ijt})	-0.342***	-0.211***	-0.135***	-0.111***	-0.151***	-0.118***	0.168***	-0.143***
	(0.001,60)	(0.002,31)	(0.002,28)	(0.001,85)	(0.001,68)	(0.001,46)	(0.001,61)	(0.001,43)
進口滲透率 (IMP_{jt})	-1.479***	-2.994***	-1.414***	-1.320***	-1.887***	-1.756***	-1.680***	-1.907***
	(0.142)	(0.167)	(0.179)	(0.180)	(0.128)	(0.128)	(0.112)	(0.128)
$lnw_{jt} \times IMP_{jt}$	0.232***	0.258***	0.195***	0.181***	0.258***	0.253***	0.213***	0.259***
	(0.016,3)	(0.018,9)	(0.020,2)	(0.020,2)	(0.014,8)	(0.014,7)	(0.012,6)	(0.014,8)
$Gra_{ijt} \times lnw_{ijt} \times IMP_{jt}$	-0.160***	-0.205***	-0.199***	-0.205***	-0.126***	-0.121***	-0.097,6***	-0.127***
	(0.022,9)	(0.028,6)	(0.025,8)	(0.025,9)	(0.020,3)	(0.020,1)	(0.016,3)	(0.020,4)
$UnderGra_{ijt} \times lnw_{ijt} \times IMP_{jt}$	-0.138***	-0.138***	-0.131***	-0.125***	-0.147***	-0.146***	-0.121***	-0.147***
	(0.008,10)	(0.009,36)	(0.009,25)	(0.009,18)	(0.007,45)	(0.007,43)	(0.006,41)	(0.007,45)
$Col_{ijt} \times lnw_{ijt} \times IMP_{jt}$	-0.192***	-0.205***	-0.212***	-0.206***	-0.175***	-0.173***	-0.118***	-0.176***
	(0.008,39)	(0.009,30)	(0.009,28)	(0.009,15)	(0.007,78)	(0.007,72)	(0.006,24)	(0.007,79)
$High_{ijt} \times lnw_{ijt} \times IMP_{jt}$	-0.068,2***	-0.047,6***	-0.044,4***	-0.039,0***	-0.073,6***	-0.073,5***	-0.047,7***	-0.073,8***
	(0.005,99)	(0.006,48)	(0.006,50)	(0.006,41)	(0.005,51)	(0.005,46)	(0.004,29)	(0.005,52)
$Mid_{ijt} \times lnw_{ijt} \times IMP_{jt}$	-0.017,4***	-0.024,1***	-0.035,4***	-0.034,1***	-0.019,5***	-0.020,8***	-0.016,0***	-0.019,7***
	(0.005,86)	(0.006,26)	(0.006,29)	(0.006,19)	(0.005,42)	(0.005,37)	(0.004,20)	(0.005,42)

表6.17(續1)

因變量 ($\ln L_{ijt}$)	產出可變				產出不變			
	(1)	(2)	(3)	(4)	(5)	(6)	(7)	(8)
出口虛擬變量 (exportdummy$_{ijt}$)	0.421***	0.529***	0.624***	0.627***	0.314***	0.309***	0.207***	0.313***
	(0.004,20)	(0.005,22)	(0.005,56)	(0.005,59)	(0.003,76)	(0.003,76)	(0.003,29)	(0.003,76)
全要素生產率 ($\ln TFP_{ijt}^{LP\_valueadded}$)	0.683***				0.061,1***			
	(0.002,15)				(0.003,51)			
全要素生產率 ($\ln TFP_{ijt}^{LP\_output}$)		1.177***				-0.127***		
		(0.017,0)				(0.007,94)		
全要素生產率 ($\ln TFP_{ijt}^{OLS\_valueadded}$)			0.132***				-0.672***	
			(0.003,54)				(0.003,70)	
全要素生產率 ($\ln TFP_{ijt}^{OLS\_output}$)				0.126***				0.040,9***
				(0.003,31)				(0.002,56)
集體企業虛擬變量 (COE$_{ijt}$)	-0.176***	-0.282***	-0.353***	-0.361***	-0.148***	-0.152***	-0.182***	-0.148***
	(0.007,22)	(0.008,03)	(0.008,81)	(0.008,77)	(0.006,66)	(0.006,66)	(0.005,58)	(0.006,66)
外商投資企業虛擬變量 (FDI$_{ijt}$)	-0.148***	-0.115***	-0.076,6***	-0.085,5***	-0.121***	-0.116***	-0.156***	-0.119***
	(0.006,75)	(0.008,10)	(0.008,82)	(0.008,86)	(0.005,98)	(0.005,98)	(0.005,20)	(0.005,98)
港澳臺投資企業虛擬變量 (HMK$_{ijt}$)	-0.055,2***	-0.058,8***	-0.030,0***	-0.031,0***	-0.043,1***	-0.038,2***	-0.009,22*	-0.044,1***
	(0.006,71)	(0.007,93)	(0.008,63)	(0.008,64)	(0.005,95)	(0.005,95)	(0.005,22)	(0.005,95)
私人企業虛擬變量 (private$_{ijt}$)	-0.199***	-0.287***	-0.365***	-0.368***	-0.165***	-0.168***	-0.142***	-0.165***
	(0.004,34)	(0.005,03)	(0.005,41)	(0.005,41)	(0.003,87)	(0.003,86)	(0.003,28)	(0.003,87)

表6.17(續2)

因變量（$\ln L_{ijt}$）	產出可變				產出不變			
	(1)	(2)	(3)	(4)	(5)	(6)	(7)	(8)
國有企業虛擬變量（SOE_{ijt}）	0.040,9***	−0.199***	−0.431***	−0.417***	0.200***	0.203***	0.593***	0.191***
	(0.008,66)	(0.011,7)	(0.012,7)	(0.012,8)	(0.007,40)	(0.007,41)	(0.006,77)	(0.007,42)
工資收入比（wage_ratio$_{ijt}$）	0.139***	−0.333***	−0.536***	−0.598***	0.260***	0.252***	0.076,8***	0.257***
	(0.025,1)	(0.029,8)	(0.031,6)	(0.031,6)	(0.022,4)	(0.022,4)	(0.018,5)	(0.022,4)
年齡（age$_{ijt}$）	0.015,3***	0.022,4***	0.025,1***	0.025,7***	0.015,3***	0.015,6***	0.019,3***	0.015,3***
	(0.000,389)	(0.000,489)	(0.000,563)	(0.000,562)	(0.000,306)	(0.000,304)	(0.000,290)	(0.000,306)
年齡的平方（age$^2_{ijt}$）	−2.31e−05***	−5.68e−05***	−4.71e−05***	−5.15e−05***	−5.41e−05***	−5.72e−05***	−0.000,110***	−5.52e−05***
	(7.49e−06)	(9.91e−06)	(1.16e−05)	(1.16e−05)	(5.30e−06)	(5.25e−06)	(5.60e−06)	(5.30e−06)
御際產出（$\ln Q_{ijt}$）					0.577***	0.642***	0.828***	0.616***
					(0.002,78)	(0.002,12)	(0.001,74)	(0.001,41)
常數項	3.773***	5.241***	5.944***	5.609***	2.523***	2.378***	−1.276***	2.551***
	(0.054,3)	(0.063,8)	(0.070,2)	(0.069,2)	(0.049,2)	(0.049,4)	(0.046,9)	(0.049,4)
產業虛擬變量	是	是	是	是	是	是	是	是
區域虛擬變量	是	是	是	是	是	是	是	是
樣本數	242,008	242,008	242,008	242,008	242,008	242,008	242,008	242,008
R^2	0.537	0.379	0.257	0.256	0.628	0.628	0.727	0.628

註：括號內報告的為異方差穩健標準差。***、**、*分別表示在1％、5％和10％的水平上顯著。為節約空間，區域虛擬變量、產業虛擬變量的估計系數沒有報告。

表 6.18 教育水平與勞動需求彈性迴歸分析（高技術產業）

因變量（$\ln L_{ijt}$）	產出可變					產出不變			
	(1)	(2)	(3)	(4)	(5)	(6)	(7)	(8)
實際工資（$\ln w_{ijt}$）	−0.372***	−0.126***	−0.056,4***	−0.010,1	−0.394***	−0.378***	−0.199***	−0.387***
	(0.008,50)	(0.011,0)	(0.011,1)	(0.011,1)	(0.007,54)	(0.007,53)	(0.006,52)	(0.007,55)
實際資本價格（$\ln r_{ijt}$）	−0.363***	−0.201***	−0.150***	−0.117***	−0.175***	−0.134***	0.163***	−0.151***
	(0.002,55)	(0.003,98)	(0.003,81)	(0.003,02)	(0.002,69)	(0.002,18)	(0.002,65)	(0.002,30)
進口滲透率（IMP_{jt}）	−0.878***	0.103	−0.635***	−0.584***	−0.890***	−0.888***	−0.716***	−0.881***
	(0.173)	(0.207)	(0.226)	(0.227)	(0.154)	(0.155)	(0.135)	(0.155)
$\ln w_{ijt} \times IMP_{jt}$	0.176***	0.119***	0.134***	0.123***	0.177***	0.174***	0.128***	0.175***
	(0.019,1)	(0.022,6)	(0.024,8)	(0.025,0)	(0.017,0)	(0.017,0)	(0.014,9)	(0.017,1)
$Gra_{ijt} \times \ln w_{ijt} \times IMP_{jt}$	−0.136***	−0.175***	−0.170***	−0.175***	−0.108***	−0.106***	−0.079,7***	−0.109***
	(0.021,8)	(0.027,2)	(0.025,1)	(0.025,1)	(0.019,5)	(0.019,3)	(0.015,7)	(0.019,5)
$UnderGra_{ijt} \times \ln w_{ijt} \times IMP_{jt}$	−0.122***	−0.121***	−0.123***	−0.116***	−0.130***	−0.131***	−0.106***	−0.130***
	(0.008,07)	(0.009,40)	(0.009,61)	(0.009,55)	(0.007,36)	(0.007,39)	(0.006,44)	(0.007,39)
$Col_{ijt} \times \ln w_{ijt} \times IMP_{jt}$	−0.158***	−0.177***	−0.186***	−0.181***	−0.141***	−0.139***	−0.096,6***	−0.140***
	(0.008,27)	(0.009,36)	(0.009,66)	(0.009,56)	(0.007,60)	(0.007,59)	(0.006,29)	(0.007,63)
$High_{ijt} \times \ln w_{ijt} \times IMP_{jt}$	−0.050,9***	−0.032,7***	−0.034,2***	−0.028,9***	−0.054,2***	−0.053,6***	−0.032,9***	−0.054,1***
	(0.006,29)	(0.006,93)	(0.007,17)	(0.007,09)	(0.005,74)	(0.005,71)	(0.004,55)	(0.005,75)
$Mid_{ijt} \times \ln w_{ijt} \times IMP_{jt}$	−0.011,9*	−0.019,9***	−0.031,4***	−0.030,3***	−0.013,1**	−0.014,3**	−0.012,1***	−0.013,5**
	(0.006,18)	(0.006,72)	(0.007,00)	(0.006,91)	(0.005,67)	(0.005,64)	(0.004,48)	(0.005,67)

表6.18（續）

因變量（$\ln L_{ijt}$）	產出可變				產出不變			
	(1)	(2)	(3)	(4)	(5)	(6)	(7)	(8)
全要素生產率（$\ln \text{TFP}_{ijt}^{\text{LP\_valueadded}}$）	0.703***				0.116***			
	(0.003.33)				(0.005.33)			
全要素生產率（$\ln \text{TFP}_{ijt}^{\text{LP\_output}}$）		1.052***				−0.013.5		
		(0.029.4)				(0.009.65)		
全要素生產率（$\ln \text{TFP}_{ijt}^{\text{OLS\_valueadded}}$）			0.153***				−0.644***	
			(0.005.81)				(0.005.83)	
全要素生產率（$\ln \text{TFP}_{ijt}^{\text{OLS\_output}}$）				0.130***				0.049.2***
				(0.005.27)				(0.003.91)
所有制虛擬變量	是	是	是	是	是	是	是	是
產業虛擬變量	是	是	是	是	是	是	是	是
區域虛擬變量	是	是	是	是	是	是	是	是
樣本數	88,915	88,915	88,915	88,915	88,915	88,915	88,915	88,915
R^2	0.588	0.392	0.289	0.288	0.671	0.669	0.759	0.670

註：括號內報告的為異方差穩健標準差。***、**、*分別表示在1%、5%和10%的水平上顯著。為節約空間，實際產出、出口、工資—收入比、企業年齡以及年齡的平方項、常數項，所有制虛擬變量、區域虛擬變量、產業虛擬變量的估計系數沒有報告。

表 6.19 教育水平與勞動需求彈性的迴歸分析（低技術產業）

因變量（$\ln L_{ijt}$）	產出可變				產出不變			
	(1)	(2)	(3)	(4)	(5)	(6)	(7)	(8)
實際工資（$\ln w_{ijt}$）	-0.380***	-0.250***	-0.078,5***	-0.046,0***	-0.421***	-0.408***	-0.263***	-0.423***
	(0.006,33)	(0.007,96)	(0.007,98)	(0.007,86)	(0.005,65)	(0.005,61)	(0.004,85)	(0.005,64)
實際資本價格（$\ln r_{ijt}$）	-0.332***	-0.218***	-0.126***	-0.106***	-0.139***	-0.108***	0.171***	-0.141***
	(0.002,09)	(0.002,73)	(0.002,90)	(0.002,34)	(0.002,17)	(0.001,99)	(0.002,07)	(0.001,84)
進口滲透率（IMP_{jt}）	-3.357***	-5.265***	-1.938***	-1.765***	-4.181***	-3.728***	-3.520***	-4.210***
	(0.386)	(0.431)	(0.443)	(0.440)	(0.355)	(0.350)	(0.294)	(0.355)
$\ln w_{ijt} \times IMP_{jt}$	0.451***	0.484***	0.247***	0.226***	0.483***	0.453***	0.389***	0.484***
	(0.049,2)	(0.053,1)	(0.052,9)	(0.052,2)	(0.046,0)	(0.045,0)	(0.036,0)	(0.046,0)
$Gra_{ijt} \times \ln w_{ijt} \times IMP_{jt}$	-1.111***	-1.238***	-1.397***	-1.414***	-0.863***	-0.845***	-0.566***	-0.871***
	(0.278)	(0.280)	(0.258)	(0.251)	(0.253)	(0.246)	(0.179)	(0.254)
$UnderGra_{ijt} \times \ln w_{ijt} \times IMP_{jt}$	-0.345***	-0.271***	-0.098,6	-0.074,6	-0.430***	-0.419***	-0.325***	-0.434***
	(0.092,2)	(0.092,1)	(0.079,0)	(0.076,1)	(0.090,3)	(0.087,6)	(0.069,0)	(0.090,4)
$Col_{ijt} \times \ln w_{ijt} \times IMP_{jt}$	-0.454***	-0.401***	-0.425***	-0.405***	-0.442***	-0.443***	-0.276***	-0.444***
	(0.043,2)	(0.041,0)	(0.038,8)	(0.037,0)	(0.043,0)	(0.042,5)	(0.030,0)	(0.043,1)
$High_{ijt} \times \ln w_{ijt} \times IMP_{jt}$	-0.096,0***	-0.078,2***	-0.067,1***	-0.061,4***	-0.101***	-0.099,9***	-0.068,8***	-0.101***
	(0.014,3)	(0.014,8)	(0.014,1)	(0.013,7)	(0.013,7)	(0.013,4)	(0.010,1)	(0.013,7)
$Mid_{ijt} \times \ln w_{ijt} \times IMP_{jt}$	-0.019,1	-0.035,3***	-0.041,0***	-0.041,0***	-0.019,6	-0.019,5	-0.019,5*	-0.019,6
	(0.015,6)	(0.015,7)	(0.014,0)	(0.013,5)	(0.015,3)	(0.014,9)	(0.010,8)	(0.015,3)

表6.19(續)

因變量 ($\ln L_{ijt}$)	產出可變				產出不變			
	(1)	(2)	(3)	(4)	(5)	(6)	(7)	(8)
全要素生產率 ($\ln TFP_{ijt}^{LP\_valueadded}$)	0.673***				0.028.4***			
	(0.002.85)				(0.004.66)			
全要素生產率 ($\ln TFP_{ijt}^{LP\_output}$)		1.264***				−0.228***		
		(0.019.4)				(0.012.4)		
全要素生產率 ($\ln TFP_{ijt}^{OLS\_valueadded}$)			0.119***				−0.693***	
			(0.004.54)				(0.004.87)	
全要素生產率 ($\ln TFP_{ijt}^{OLS\_output}$)				0.123***				0.037.4***
				(0.004.25)				(0.003.38)
所有制虛擬變量	是	是	是	是	是	是	是	是
產業虛擬變量	是	是	是	是	是	是	是	是
區域虛擬變量	是	是	是	是	是	是	是	是
樣本數	153,093	153,093	153,093	153,093	153,093	153,093	153,093	153,093
R^2	0.509	0.375	0.239	0.239	0.605	0.608	0.712	0.606

註：括號內報告的為異方差穩健標準差。***、**、* 分別表示在1%、5%和10%的水平上顯著。為節約空間，實際產出、出口、工資—收入比、企業年齡以及年齡的平方項，所有制虛擬變量、產業虛擬變量、區域虛擬變量以及常數項的估計系數沒有報告。

表 6.20 技術含量與勞動需求彈性的迴歸分析（全樣本）

因變量（$\ln L_{ij}$）	(1)	(2)	(3)	(4)	(5)	(6)	(7)	(8)
			產出可變				產出不變	
實際工資（$\ln w_{ij}$）	-0.367***	-0.199***	-0.066,1***	-0.031,7***	-0.404***	-0.393***	-0.237***	-0.403***
	(0.004,87)	(0.006,21)	(0.006,18)	(0.006,10)	(0.004,36)	(0.004,34)	(0.003,75)	(0.004,35)
實際資本價格（$\ln r_{ij}$）	-0.341***	-0.210***	-0.131***	-0.110***	-0.149***	-0.117***	0.171***	-0.141***
	(0.001,61)	(0.002,31)	(0.002,28)	(0.001,85)	(0.001,70)	(0.001,47)	(0.001,62)	(0.001,44)
進口滲透率（IMP_j）	0.546***	-0.901***	0.497***	0.540***	0.060,3	0.168	-0.188*	0.044,2
	(0.134)	(0.154)	(0.172)	(0.173)	(0.119)	(0.119)	(0.106)	(0.119)
$\ln w_{ij} \times IMP_j$	-0.065,3***	-0.046,0***	-0.095,5***	-0.100***	-0.031,5***	-0.032,9***	-0.005,44	-0.031,6**
	(0.013,9)	(0.016,0)	(0.018,0)	(0.018,1)	(0.012,4)	(0.012,4)	(0.011,1)	(0.012,4)
$hightech_{ij} \times \ln w_{ij} \times IMP_j$	-0.255***	-0.308***	-0.341***	-0.342***	-0.219***	-0.217***	-0.172***	-0.219***
	(0.033,1)	(0.038,0)	(0.044,7)	(0.043,6)	(0.031,5)	(0.032,3)	(0.026,8)	(0.031,5)
$tech_{ij} \times \ln w_{ij} \times IMP_j$	-0.139***	-0.149***	-0.148***	-0.149***	-0.105***	-0.100***	-0.051,1***	-0.105***
	(0.020,7)	(0.026,7)	(0.026,3)	(0.026,3)	(0.017,5)	(0.017,5)	(0.013,8)	(0.017,5)
$highworker_{ij} \times \ln w_{ij} \times IMP_j$	0.084,2***	0.120***	0.142***	0.141***	0.075,3***	0.076,0***	0.064,4***	0.075,5***
	(0.012,6)	(0.015,3)	(0.018,6)	(0.018,9)	(0.010,1)	(0.010,2)	(0.008,52)	(0.010,1)
$mid\_worker_{ij} \times \ln w_{ij} \times IMP_j$	0.060,0***	0.095,2***	0.123***	0.126***	0.044,0***	0.044,8***	0.039,7***	0.044,2***
	(0.006,77)	(0.008,23)	(0.009,69)	(0.009,76)	(0.005,78)	(0.005,81)	(0.005,10)	(0.005,78)
出口虛擬變量（$exportdummy_{ij}$）	0.431***	0.540***	0.632***	0.635***	0.324***	0.319***	0.214***	0.323***
	(0.004,22)	(0.005,23)	(0.005,56)	(0.005,58)	(0.003,79)	(0.003,79)	(0.003,31)	(0.003,79)

表6.20(續1)

因變量（$\ln L_{ij}$）	產出可變				產出不變			
	(1)	(2)	(3)	(4)	(5)	(6)	(7)	(8)
全要素生產率（$\ln \text{TFP}_{ij}^{\text{LP}\_\text{valueadded}}$）	0.680*** (0.002,15)				0.056,8*** (0.003,55)			
全要素生產率（$\ln \text{TFP}_{ij}^{\text{LP}\_\text{output}}$）		1.167*** (0.017,0)						
全要素生產率（$\ln \text{TFP}_{ij}^{\text{OLS}\_\text{valueadded}}$）			0.124*** (0.003,54)			−0.135*** (0.008,00)		
全要素生產率（$\ln \text{TFP}_{ij}^{\text{OLS}\_\text{output}}$）				0.122*** (0.003,32)			−0.679*** (0.003,71)	0.037,1*** (0.002,59)
集體企業虛擬變量（COE_{ij}）	−0.158*** (0.007,24)	−0.263*** (0.008,05)	−0.335*** (0.008,82)	−0.343*** (0.008,78)	−0.131*** (0.006,68)	−0.135*** (0.006,69)	−0.170*** (0.005,60)	−0.131*** (0.006,68)
外商投資企業虛擬變量（FDI_{ij}）	−0.150*** (0.006,82)	−0.113*** (0.008,15)	−0.073,3*** (0.008,86)	−0.081,3*** (0.008,89)	−0.125*** (0.006,05)	−0.119*** (0.006,04)	−0.158*** (0.005,24)	−0.122*** (0.006,05)
港澳臺投資企業虛擬變量（HMK_{ij}）	−0.047,3*** (0.006,77)	−0.048,7*** (0.007,98)	−0.018,7*** (0.008,66)	−0.020,0** (0.008,67)	−0.036,1*** (0.006,01)	−0.031,2*** (0.006,01)	−0.003,16 (0.005,26)	−0.037,0*** (0.006,01)
私人企業虛擬變量（private_{ij}）	−0.188*** (0.004,36)	−0.275*** (0.005,04)	−0.353*** (0.005,41)	−0.356*** (0.005,41)	−0.154*** (0.003,89)	−0.157*** (0.003,88)	−0.134*** (0.003,28)	−0.154*** (0.003,89)
國有企業虛擬變量（SOE_{ij}）	0.022,1** (0.008,70)	−0.219*** (0.011,7)	−0.448*** (0.012,7)	−0.436*** (0.012,8)	0.183*** (0.007,44)	0.187*** (0.007,45)	0.585*** (0.006,81)	0.175*** (0.007,47)

表6.20(續2)

因變量（$\ln L_{ij}$）	產出可變					產出不變			
	(1)	(2)	(3)	(4)	(5)	(6)	(7)	(8)
工資收入比（wage_ratio$_{ij}$）	0.176***	-0.293***	-0.500***	-0.557***	0.296***	0.288***	0.102***	0.293***
	(0.025,3)	(0.029,9)	(0.031,6)	(0.031,6)	(0.022,6)	(0.022,5)	(0.018,6)	(0.022,6)
年齡（age$_{ij}$）	0.016,2***	0.023,1***	0.025,7***	0.026,2***	0.016,1***	0.016,3***	0.019,9***	0.016,1***
	(0.000,381)	(0.000,483)	(0.000,554)	(0.000,553)	(0.000,302)	(0.000,301)	(0.000,292)	(0.000,303)
年齡的平方（age$^2_{ij}$）	-3.30e-05***	-6.61e-05***	-5.64e-05***	-6.00e-05***	-6.37e-05***	-6.64e-05***	-0.000,117***	-6.48e-05***
	(7.22e-06)	(9.74e-06)	(1.14e-05)	(1.14e-05)	(5.17e-06)	(5.13e-06)	(5.65e-06)	(5.17e-06)
實際產出（$\ln Q_{ij}$）					0.578***	0.642***	0.829***	0.615***
					(0.002,81)	(0.002,13)	(0.001,75)	(0.001,42)
常數項	3.631***	5.085***	5.773***	5.468***	2.383***	2.238***	-1.426***	2.407***
	(0.054,4)	(0.063,4)	(0.070,1)	(0.069,0)	(0.049,2)	(0.049,4)	(0.046,8)	(0.049,4)
產業虛擬變量	是	是	是	是	是	是	是	是
區域虛擬變量	是	是	是	是	是	是	是	是
樣本數	242,008	242,008	242,008	242,008	242,008	242,008	242,008	242,008
R^2	0.531	0.374	0.253	0.253	0.623	0.623	0.725	0.623

註：括號內報告的為異方差穩健標準差。***、**、*分別表示在1%、5%和10%的水平上顯著。為節約空間，區域虛擬變量，產業虛擬變量的估計系數沒有報告。

表 6.21　技術含量與變動勞動需求彈性的迴歸分析（高技術產業）

因變量（lnL_{ij}）	產出可變				產出不變			
	（1）	（2）	（3）	（4）	（5）	（6）	（7）	（8）
實際工資（lnw_{ij}）	−0.356***	−0.083.7***	−0.026.1*	0.008.86	−0.380***	−0.367***	−0.183***	−0.413***
	(0.009, 11)	(0.011, 7)	(0.011, 8)	(0.011, 7)	(0.008, 08)	(0.008, 05)	(0.006, 92)	(0.005, 51)
實際資本價格（lnr_{ij}）	−0.359***	−0.184***	−0.129***	−0.106***	−0.171***	−0.134***	0.164***	−0.139***
	(0.002, 85)	(0.004, 40)	(0.004, 23)	(0.003, 37)	(0.003, 03)	(0.002, 46)	(0.002, 95)	(0.001, 73)
進口滲透率（IMP_j）	1.173***	2.034***	1.330***	1.313***	1.071***	1.053***	0.696***	−0.951
	(0.169)	(0.196)	(0.218)	(0.219)	(0.149)	(0.150)	(0.131)	(0.234)
$lnw_{ij} \times IMP_j$	−0.110***	−0.166***	−0.153***	−0.153***	−0.099.2***	−0.099.3***	−0.072.5***	0.055.6**
	(0.017, 6)	(0.020, 5)	(0.022, 9)	(0.023, 0)	(0.015, 5)	(0.015, 6)	(0.013, 7)	(0.025, 5)
$hightech_{ij} \times lnw_{ij} \times IMP_j$	−0.190***	−0.230***	−0.240***	−0.238***	−0.173***	−0.173***	−0.138***	−0.496***
	(0.031, 2)	(0.037, 1)	(0.040, 8)	(0.039, 7)	(0.030, 5)	(0.031, 0)	(0.026, 7)	(0.071, 0)
$tech_{ij} \times lnw_{ij} \times IMP_j$	−0.105***	−0.118***	−0.111***	−0.112***	−0.078.4***	−0.074.9***	−0.034.6**	−0.224***
	(0.021, 4)	(0.027, 7)	(0.027, 0)	(0.027, 1)	(0.018, 2)	(0.018, 1)	(0.014, 8)	(0.041, 3)
$highworker_{ij} \times lnw_{ij} \times IMP_j$	0.064.4***	0.096.6***	0.098.4***	0.097.4***	0.063.5***	0.064.7***	0.054.5***	0.170***
	(0.012, 4)	(0.015, 5)	(0.017, 8)	(0.018, 1)	(0.010, 2)	(0.010, 2)	(0.008, 83)	(0.028, 3)
$mid\_worker_{ij} \times lnw_{ij} \times IMP_j$	0.046.8***	0.075.5***	0.090.2***	0.091.7***	0.039.9***	0.041.0***	0.038.6***	0.066.8***
	(0.007, 15)	(0.008, 69)	(0.009, 92)	(0.009, 98)	(0.006, 17)	(0.006, 19)	(0.005, 43)	(0.013, 9)
出口虛擬變量（$exportdummy_{ij}$）	0.412***	0.614***	0.713***	0.721***	0.277***	0.273***	0.173***	0.338***
	(0.007, 20)	(0.009, 92)	(0.009, 96)	(0.010, 0)	(0.006, 44)	(0.006, 46)	(0.005, 67)	(0.004, 69)

表6.21(續1)

因變量（$\ln L_{ij}$）	產出可變					產出不變			
	(1)	(2)	(3)	(4)	(5)	(6)	(7)	(8)
全要素生產率（$\ln \text{TFP}_{ij}^{\text{LP\_valueadded}}$）	0.701*** (0.003,79)							
全要素生產率（$\ln \text{TFP}_{ij}^{\text{LP\_output}}$）		0.911*** (0.030,7)						
全要素生產率（$\ln \text{TFP}_{ij}^{\text{OLS\_valueadded}}$）			0.121*** (0.006,53)					
全要素生產率（$\ln \text{TFP}_{ij}^{\text{OLS\_output}}$）				0.113*** (0.005,89)				
					0.103*** (0.006,12)			
						−0.009,89 (0.010,2)		
							−0.651*** (0.006,52)	
								0.035,6*** (0.003,18)
集體企業虛擬變量（COE_{ij}）	−0.124*** (0.013,6)	−0.255*** (0.015,0)	−0.304*** (0.016,5)	−0.309*** (0.016,4)	−0.115*** (0.012,6)	−0.123*** (0.012,6)	−0.146*** (0.010,3)	−0.133*** (0.007,91)
外商投資企業虛擬變量（FDI_{ij}）	−0.157*** (0.011,4)	−0.059,7*** (0.014,9)	−0.034,1** (0.015,7)	−0.042,0*** (0.015,8)	−0.154*** (0.010,1)	−0.148*** (0.010,1)	−0.191*** (0.008,73)	−0.109*** (0.007,54)
港澳臺投資企業虛擬變量（HMK_{ij}）	−0.029,4** (0.011,9)	−0.040,9*** (0.015,0)	−0.046,4*** (0.015,8)	−0.045,7*** (0.015,8)	−0.014,8 (0.010,3)	−0.013,1 (0.010,4)	0.059,2*** (0.009,12)	−0.045,1*** (0.007,35)
私人企業虛擬變量（private_{ij}）	−0.167*** (0.007,43)	−0.269*** (0.008,91)	−0.337*** (0.009,42)	−0.335*** (0.009,39)	−0.152*** (0.006,63)	−0.157*** (0.006,64)	−0.109*** (0.005,50)	−0.153*** (0.004,79)
國有企業虛擬變量（SOE_{ij}）	0.029,2** (0.014,4)	−0.325*** (0.021,0)	−0.508*** (0.021,7)	−0.489*** (0.021,9)	0.202*** (0.012,4)	0.203*** (0.012,5)	0.652*** (0.011,6)	0.171*** (0.009,25)

表6.21(續2)

因變量（$\ln I_{ij}$）	產出可變				產出不變			
	(1)	(2)	(3)	(4)	(5)	(6)	(7)	(8)
工資收入比（wage_ratio$_{ij}$）	0.204***	-0.376***	-0.503***	-0.550***	0.273***	0.248***	0.051.2	0.297***
	(0.044,8)	(0.057,2)	(0.059,2)	(0.059,2)	(0.039,7)	(0.039,7)	(0.032,8)	(0.027,2)
年齡（age$_{ij}$）	0.013,3***	0.022,7***	0.024,2***	0.025,1***	0.013,9***	0.014,5***	0.021,1***	0.017,0***
	(0.000,701)	(0.000,939)	(0.000,950)	(0.000,948)	(0.000,516)	(0.000,506)	(0.000,426)	(0.000,381)
年齡的平方（age$_{ij}^2$）	5.04e-06	-4.99e-06	1.88e-06	-6.54e-06	-3.38e-05***	-3.95e-05***	-0.000,122***	-7.75e-05***
	(1.34e-05)	(1.87e-05)	(1.84e-05)	(1.85e-05)	(8.79e-06)	(8.48e-06)	(7.25e-06)	(6.68e-06)
實際產出（$\ln Q_{ij}$）					0.558***	0.628***	0.818***	0.611***
					(0.004,90)	(0.003,00)	(0.002,97)	(0.001,73)
常數項	3.043***	1.928***	4.900***	4.582***	1.526***	1.413***	-2.307***	2.531***
	(0.095,8)	(0.145)	(0.127)	(0.126)	(0.085,8)	(0.087,3)	(0.080,5)	(0.060,7)
產業虛擬變量	是	是	是	是	是	是	是	是
區域虛擬變量	是	是	是	是	是	是	是	是
樣本數	70,263	70,263	70,263	70,263	70,263	70,263	70,263	171,745
R^2	0.575	0.355	0.271	0.271	0.664	0.662	0.758	0.608

註：括號內報告的為異方差穩健標準差。***、**、* 分別表示在1%、5%和10%的水平上顯著。為節約空間，區域虛擬變量、產業虛擬變量的估計系數沒有報告。

表 6.22 技術含量與勞動需求彈性的迴歸分析（低技術產業）

因變量（$\ln L_{ij}$）	產出可變				產出不變			
	(1)	(2)	(3)	(4)	(5)	(6)	(7)	(8)
實際工資（$\ln w_{ij}$）	−0.369***	−0.243***	−0.067,6***	−0.034,2***	−0.412***	−0.399***	−0.249***	−0.413***
	(0.006,17)	(0.007,72)	(0.007,77)	(0.007,66)	(0.005,51)	(0.005,48)	(0.004,72)	(0.005,51)
實際資本價格（$\ln r_{ij}$）	−0.333***	−0.220***	−0.129***	−0.108***	−0.140***	−0.107***	0.178***	−0.139***
	(0.001,95)	(0.002,54)	(0.002,72)	(0.002,21)	(0.002,04)	(0.001,86)	(0.001,94)	(0.001,73)
進口滲透率（IMP_j）	0.112	−1.697***	0.845***	0.964***	−0.925***	−0.634***	−0.925***	−0.951***
	(0.262)	(0.293)	(0.326)	(0.326)	(0.235)	(0.233)	(0.205)	(0.234)
$\ln w_{ij} \times IMP_j$	0.000,509	0.016,4	−0.133***	−0.146***	0.055,9**	0.042,9*	0.053,0**	0.055,6**
	(0.028,6)	(0.031,8)	(0.035,8)	(0.035,8)	(0.025,5)	(0.025,3)	(0.022,3)	(0.025,5)
$hightech_{ij} \times \ln w_{ij} \times IMP_j$	−0.653***	−0.726***	−0.910***	−0.917***	−0.493***	−0.490***	−0.288***	−0.496***
	(0.082,6)	(0.092,3)	(0.103)	(0.104)	(0.070,9)	(0.070,0)	(0.053,9)	(0.071,0)
$tech_{ij} \times \ln w_{ij} \times IMP_j$	−0.293***	−0.264***	−0.322***	−0.317***	−0.223***	−0.222***	−0.110***	−0.224***
	(0.045,7)	(0.049,5)	(0.056,3)	(0.056,4)	(0.041,3)	(0.040,8)	(0.032,1)	(0.041,3)
$highworker_{ij} \times \ln w_{ij} \times IMP_j$	0.242***	0.321***	0.457***	0.459***	0.172***	0.176***	0.129***	0.170***
	(0.032,8)	(0.038,6)	(0.048,2)	(0.048,4)	(0.028,3)	(0.028,6)	(0.023,2)	(0.028,3)
$mid\_worker_{ij} \times \ln w_{ij} \times IMP_j$	0.111***	0.169***	0.231***	0.236***	0.067,0***	0.066,2***	0.053,0***	0.066,8***
	(0.016,3)	(0.019,6)	(0.023,4)	(0.023,6)	(0.014,0)	(0.013,9)	(0.012,1)	(0.013,9)
出口虛擬變量（$exportdummy_{ij}$）	0.430***	0.500***	0.586***	0.586***	0.337***	0.331***	0.225***	0.338***
	(0.005,21)	(0.006,12)	(0.006,72)	(0.006,73)	(0.004,69)	(0.004,67)	(0.004,07)	(0.004,69)

表6.22(續1)

因變量（$\ln L_{ij}$）	產出可變					產出不變			
	(1)	(2)	(3)	(4)	(5)	(6)	(7)	(8)
全要素生產率（$\ln \text{TFP}_{ij}^{\text{LP\_valueadded}}$）	0.670*** (0.002,62)				0.035,8*** (0.004,36)			0.035,6*** (0.003,18)
全要素生產率（$\ln \text{TFP}_{ij}^{\text{LP\_output}}$）		1.296*** (0.018,3)				−0.227*** (0.011,7)		
全要素生產率（$\ln \text{TFP}_{ij}^{\text{OLS\_valueadded}}$）			0.121*** (0.004,22)				−0.700*** (0.004,55)	
全要素生產率（$\ln \text{TFP}_{ij}^{\text{OLS\_output}}$）				0.125*** (0.004,00)				
集體企業虛擬變量（COE_{ij}）	−0.172*** (0.008,58)	−0.264*** (0.009,51)	−0.347*** (0.010,4)	−0.356*** (0.010,4)	−0.135*** (0.007,90)	−0.137*** (0.007,90)	−0.176*** (0.006,65)	−0.133*** (0.007,91)
外商投資企業虛擬變量（FDI_{ij}）	−0.150*** (0.008,47)	−0.148*** (0.009,60)	−0.099,6*** (0.010,7)	−0.107*** (0.010,7)	−0.111*** (0.007,55)	−0.101*** (0.007,52)	−0.138*** (0.006,51)	−0.109*** (0.007,54)
港澳臺投資企業虛擬變量（HMK_{ij}）	−0.056,3*** (0.008,23)	−0.057,7*** (0.009,38)	−0.007,39 (0.010,3)	−0.009,60 (0.010,4)	−0.044,5*** (0.007,36)	−0.036,7*** (0.007,34)	−0.030,6*** (0.006,40)	−0.045,1*** (0.007,35)
私人企業虛擬變量（private_{ij}）	−0.198*** (0.005,37)	−0.279*** (0.006,06)	−0.362*** (0.006,61)	−0.366*** (0.006,62)	−0.154*** (0.004,79)	−0.155*** (0.004,77)	−0.143*** (0.004,05)	−0.153*** (0.004,79)
國有企業虛擬變量（SOE_{ij}）	0.018,4* (0.010,8)	−0.166*** (0.013,8)	−0.420*** (0.015,5)	−0.410*** (0.015,7)	0.178*** (0.009,23)	0.183*** (0.009,23)	0.566*** (0.008,37)	0.171*** (0.009,25)

表6.22(續2)

因變量（$\ln L_{ij}$）	產出可變					產出不變			
	(1)	(2)	(3)	(4)	(5)	(6)	(7)	(8)
工資收入比（wage_ratio$_{ij}$）	0.155***	−0.261***	−0.512***	−0.572***	0.296***	0.300***	0.109***	0.297***
	(0.030,4)	(0.034,7)	(0.037,3)	(0.037,3)	(0.027,2)	(0.027,1)	(0.022,3)	(0.027,2)
年齡（age$_{ij}$）	0.017,5***	0.023,6***	0.026,8***	0.027,1***	0.017,0***	0.017,1***	0.019,3***	0.017,0***
	(0.000,464)	(0.000,535)	(0.000,655)	(0.000,655)	(0.000,381)	(0.000,379)	(0.000,384)	(0.000,381)
年齡的平方（age$^2_{ij}$）	−5.20e−05***	−0.000,103***	−9.20e−05***	−9.34e−05***	−7.74e−05***	−7.69e−05***	−0.000,115***	−7.75e−05***
	(8.83e−06)	(1.06e−05)	(1.36e−05)	(1.36e−05)	(6.67e−06)	(6.62e−06)	(7.81e−06)	(6.68e−06)
實際產出（$\ln Q_{ij}$）					0.589***	0.660***	0.839***	0.611***
					(0.003,42)	(0.003,04)	(0.002,17)	(0.001,73)
常數項	3.751***	5.326***	5.830***	5.548***	2.497***	2.254***	−1.323***	2.531***
	(0.067,2)	(0.076,8)	(0.085,5)	(0.084,3)	(0.060,6)	(0.061,3)	(0.057,4)	(0.060,7)
產業虛擬變量	是	是	是	是	是	是	是	是
區域虛擬變量	是	是	是	是	是	是	是	是
樣本數	171,745	171,745	171,745	171,745	171,745	171,745	171,745	171,745
R^2	0.516	0.390	0.250	0.250	0.608	0.610	0.715	0.608

註：括號內報告的為異方差穩健標準差。***、**、*分別表示在1%、5%和10%的水平上顯著。為簡約空間，區域虛擬變量、產業虛擬變量的的估計系數沒有報告。

6.7 小結

本章檢驗了多種企業異質性對貿易開放與勞動需求彈性關係的影響，具體包括企業出口行為、所有權性質、企業工會發展情況、性別差異、技術差異，主要得到如下具有良好穩健性的發現：

（1）與非出口企業相比，出口企業的勞動需求彈性比較小，在出口企業就業的勞動者所面臨的波動風險也相對較低。根據 Mitra 等（2011）的論述，這與中國現有的出口產品結構、收入水平有關。

（2）在中國的貿易開放過程中，國有企業和集體企業相較於基準情形（也就是國內合作企業）來說能夠減輕貿易開放帶來的勞動力市場波動，而在外資企業和港澳臺投資企業中就業的勞動者則更容易遭遇就業的不確定性。

（3）成立工會和壯大工會規模可以降低貿易自由化對企業勞動需求彈性的影響。因此，我們認為工會可以成為就業市場的減震器。

（4）在以女性為主的企業中，貿易開放對男性員工的就業波動衝擊較大；而在以男性為主的企業中，貿易開放對女性員工的就業衝擊較男性員工大。

（5）熟練勞動力比非熟練勞動力更容易受到貿易開放的就業波動衝擊，尤其是在低技術企業就業的熟練勞動力。改革開放進程中應該重點關注熟練勞動力群體所面臨的風險。

7 總結、政策啟示與研究展望

7.1 本論著的主要研究成果

中國的貿易開放進程不斷加快，為研究貿易開放與勞動需求彈性的關係提供了有效的自然實驗。本研究通過梳理國內外對兩者關係的研究成果，從企業生產函數出發推導勞動需求方程，應用豐富的中國工業企業微觀層面的數據檢驗了貿易開放對勞動需求彈性的影響，並著重分析了企業異質性如何影響兩者的關係。本研究完成的主要工作以及取得的主要成果有：

第一，中國工業企業的勞動需求彈性為-0.360~-0.240，意味著外生衝擊致使工資上升（或降低）1%時，企業勞動需求將減少（或增加）0.342%~0.360%，符合文獻中提出的勞動需求彈性應在-0.15~-0.75區間的判斷。

第二，中國工業企業全樣本迴歸結果表明貿易開放將使中國勞動需求更富有彈性，從而加劇就業波動。該結論在接下來的各種迴歸中呈現穩健性。多種穩健性檢驗包括：分為產出可變與產出不變情形；分別利用最小二乘法和固定效應模型方法進行迴歸；貿易開放指標分別選擇進口滲透率和行業平均關稅率（分別計算簡單平均關稅率和加權平均關稅率）；要素生產率變量分別採用LP方法和OLS方法進行計算，每種方法又分別採用總產值模型和增加值模型計算。

第三，產業層面，按照不同的產業分類標準，分為高技術產業和低技術產業分別考察，貿易開放對高技術產業中的企業勞動需求彈性衝擊比較顯著，而對低技術企業的影響不顯著，且該結論具有穩健性；在高技術企業就業的勞動者面臨更大的就業風險。

第四，區域層面，分為東部、中部、西部進行比較分析，中部和西部省份的勞動者所面臨的就業風險比較大，尤其是西部省份更為嚴重，若行業進口滲

透率提高 0.10，將會增加勞動需求彈性 0.9%，而中部省份企業的勞動需求彈性會增加 0.2%。東部沿海省份的勞動需求彈性受到的貿易開放的衝擊較小甚至為正。

第五，企業異質性會影響貿易開放對勞動需求彈性的衝擊。

（1）從出口行為來看，由於中國現有的出口產品結構和收入水平因素，與非出口企業相比，出口企業的勞動需求彈性比較小，在出口企業就業的勞動者所面臨的波動風險也相對較低。

（2）企業所有權性質方面，國有企業和集體企業相較於基準情形（也就是國內合作企業）來說能夠減輕貿易開放帶來的市場波動，而在外資企業和港澳臺投資企業中就業的勞動者則更容易遭遇就業的不確定性。

（3）工會因素方面，成立工會和工會規模比較大的企業的勞動需求彈性所受到的貿易開放的衝擊相對較小。

（4）性別差異方面，有微弱的實證證據證明在以女性為主的企業中，貿易開放對男性員工的就業波動衝擊較大；而在以男性為主的企業中，貿易開放對女性員工的就業衝擊較男性員工大。

（5）勞動者技能水平差異方面，中國現階段熟練勞動力比非熟練勞動力更容易受到貿易開放的就業波動衝擊，尤其是在低技術企業就業的熟練勞動力。

7.2　主要創新點

本論著以中國為例實證檢驗了貿易開放對勞動需求彈性的影響，主要貢獻有以下幾點：

第一，本書首次運用中國大型微觀企業層面的數據估計中國的勞動需求彈性並檢驗貿易開放與勞動需求彈性的關係，這在現有文獻中是第一個。它首先豐富了國際研究領域的實證證據，其次突破了對中國現有研究局限於比較粗糙的區域—行業—時間維度的實證分析，深入到企業層面，使得該領域的研究更貼近現實情形，並進一步對實證結果進行了多種穩健性檢驗。

第二，微觀企業層面數據的可獲得性使得本研究可以對影響貿易開放與勞動需求彈性關係的多種企業異質性因素的作用進行考察，檢驗「依狀況」而變化的情形。這些企業異質性包括企業出口行為、所有權性質、企業工會發展情況、性別差異、技術差異等，這是國內外現有文獻中首次對企業異質性對於

勞動需求彈性的影響進行細緻、全面的實證檢驗。

第三，在中國貿易開放宏觀背景下，本書期望對不同區域、不同產業部門以及具有不同特質企業勞動需求彈性的比較與解構能夠為中國勞動力市場的完善提供有價值的思考角度，希望這些實證發現能為中國在經濟全球化過程中減輕就業波動、完善就業保障帶來政策層面的啟示。

7.3 政策啟示

由本研究的實證結論可知，中國貿易開放會對勞動力市場產生顯著的波動衝擊。它帶給我們的政策啟示是應積極關注貿易開放帶來的就業波動、完善相關制度並建立和實施與貿易開放有關的就業與收入保障措施。

7.3.1 高度警惕貿易開放帶來的就業市場波動風險

貿易開放過程中，就業市場的波動加劇，「短工化」趨勢明顯，對國家、企業和勞動者個體來說都有巨大的危害性。

對國家而言，一方面，社會中相當一部分的成員一直在換工作，人口流動異常頻繁，增多潛在的不穩定因素；另一方面，人口頻繁流動和遷徙過程中會產生一系列的社會問題，比如子女教育不連續、戶籍人事關係調動、社保養老金的繳納等，都會增加社會的運行成本。

對企業而言，勞動需求彈性增大，員工跳槽更加頻繁，不利於企業人力資本的集聚與累積，尤其是對於中國的高技術企業來說，穩定勞動關係更為重要。

同時，對勞動者而言，具有不同特徵的企業和勞動者所受到的衝擊是不均衡的，因此應重點關注那些勞動需求彈性受負向衝擊較大的產業、區域以及勞動群體。依據本實證研究得出的結論，在高技術企業、中部和西部、非出口企業、非國有企業和非集體企業、未建立工會的企業以及工會規模較小的企業中就業的勞動者，以及以女性為主的企業中的男性員工、以男性為主的企業中的女性員工、在低技術企業就業的熟練勞動力等受到的波動衝擊相對較大，因此應針對以上勞動群體建立就業預警、救助和幫扶機制，熨平他們就業過程中面臨的經濟、精神和生活上的波動，維護社會的和諧安定。

7.3.2 工會可以成為就業市場的穩定器

工會在穩定就業市場方面可以起到積極的作用。陸銘（2001）提出：「在

現代經濟生活中，工會組織向來是一支引人注目的經濟力量和政治力量」。針對目前中國企業工會組織存在的諸如沒有成立工會、工會委員的產生程序不合理以及工會人員結構不合理（賀建永，2011）等問題，應大力倡導企業建立工會及壯大工會規模，保障職工權益，減小就業波動。

第一，中國企業工會應實現由政治職能和福利職能向職工利益維護職能和調節職能轉變，中國工會應該「去官僚化」和「去行政化」，成為穩定就業市場、輔助企業轉型升級的重要推動力量。

第二，賀建永（2011）指出，現在許多勞動者缺乏積極加入工會的熱情，缺少對工會組織的認同感、信任感和依賴感。因此，在未來，應積極主動宣傳工會的作用、職能、組織體系、工會組建和民主管理、集體合同、工資協商、勞動保護、安全生產、權益維護、加入工會的程序等，讓更多的員工認識到工會的「廬山真面目」，積極加入工會組織。

第三，可以建立包括企業工會、行業工會、職業工會在內的多元工會格局，勞動者除了與企業發生聯繫外，還與所在的行業、職業身分等緊密掛勾，將維護自身利益的渠道多元化，增多勞動者維護權益的通道。

此外，通過工會進行集體談判、推行工資協商制度是推動勞資關係和諧發展的途徑之一，近來全國總工會也將工資集體協商提上了日程①。但目前我國《勞動法》僅建立了集體談判制度的框架，沒有對如何進行集體談判以及相關的懲罰原則進行明確，因此很難為集體談判權提供法律支持。應加快《集體談判法》的立法進程，確定其內容、程序、形式和違約責任等條款，使集體談判機制真正建立並切實發揮作用。

7.3.3 穩定出口與產業結構轉型相結合

比較出口企業與非出口企業的勞動需求彈性發現，現階段中國出口企業的勞動需求彈性比較小，在出口企業就業的勞動者所面臨的就業波動風險也相對較低，因此出口貿易具有穩定就業的作用，可以抵消進口中間投入品帶來的衝擊。文獻研究表明，信貸約束是制約企業能否從事出口的關鍵變量之一（Chaney，2005；Manova，2008；Li 和 Yu，2009），因此在針對出口企業的貨幣金融政策方面，應該完善出口貿易融資業務差異化監管政策，支持商業銀行增加對小微企業貸款，鼓勵商業銀行適當提高對小微企業的風險容忍度，緩解企

---

① 2010年7月24日召開的全總十五屆六次主席團會議上，中華全國總工會主席王兆國提出「依法推動企業普遍建立工會組織，依法推動企業普遍開展工資集體協商」的「兩個普遍」的要求。

業資金緊張壓力；保持人民幣匯率平穩、緩慢升值，為企業轉型升級、消化人民幣升值壓力預留足夠的時間，同時引導企業採取積極措施應對匯率波動；擴大出口信用保險投保率，適當降低費率水平；完善出口退稅機制，準確、及時退稅，保持出口退稅政策的連續性和穩定性，減少政策波動。

隨著中國經濟的快速發展、人均收入水平的提升、高技術產業在政策扶持下的不斷壯大、產業結構逐漸升級，Mitra 等（2011）提出的出口降低勞動需求彈性的兩個條件正在消失，高技術產業發展的同時也會帶來較大的勞動需求彈性。但是，促進高技術產業的發展對於中國經濟走向創新驅動、內生增長的發展軌道具有戰略意義，高技術產業的發展需要穩定的人力資本隊伍，這就需要政府承擔轉型引路人角色，同時公益組織積極開展勞動權益監督、勞動者參加職業技能培訓。這些都有助於企業升級，改變「資強勞弱」的局面，提高勞動者的談判地位，增強話語權，維護勞動者的尊嚴，形成良好的就業環境和高技術產業發展環境。

7.4　研究展望

7.4.1　研究的不足之處

本研究利用 1998—2007 年中國工業企業數據庫，首次檢驗了中國貿易開放對勞動力市場的風險和就業波動的影響，雖然取得了比較顯著的成果，但仍然存在許多尚需完善之處：

首先，對工會、性別、勞動者技能水平三種異質性因素的檢驗，只利用了 2004 年這一年的數據進行了混合最小二乘迴歸分析，但是該方法無法克服可能存在的遺留變量問題，希望能獲得第二次全國經濟普查的數據或者其他更多年份的數據，構建面板數據，進行實證分析。

其次，本論著檢驗了高技術產業與低技術產業之間，東、中、西部之間以及具有不同異質性特徵的企業勞動需求彈性受到貿易開放的衝擊有何差異，但對造成差異的原因僅做了文獻或理論層面的論述，沒有深入檢驗造成這種差異的機制。例如勞動力流動管理制度的不同是不是造成東部、中部、西部勞動需求彈性差異的原因，需要進一步的實證檢驗。

最後，基於勞動者角度的實證檢驗將能夠提供性別差異、技能差異等方面的更有說服力的證據，因此希望能夠找到基於勞動者角度的數據，考察勞動者的異質性在貿易開放與勞動需求彈性兩者關係中起到的作用。

7.4.2 進一步研究的方向

（1）除了貨物貿易外，經濟全球化過程中的國際合作方式還包括外包、外國直接投資（綠地投資以及併購）、服務貿易等維度，且這些方式之間相互影響。因此，未來需將其他國際合作方式納入計量模型，全面考察對勞動力需求彈性的影響，並與貨物貿易的作用機制進行比較。

（2）本書尚缺乏對造成不同結果的機制的深入分析，未來可進一步地研究造成兩者關係存在差異的機制，即區域、產業及企業異質性使得貿易開放對勞動需求彈性的影響具有不均衡性，造成這種不均衡的原因和作用機制尚待進一步的研究和實證檢驗。

（3）勞動力市場制度也是影響勞動力需求彈性的一個重要因素。在未來的研究中希望能找到衡量中國勞動力市場制度的有效的變量並納入模型，進行檢驗。

參考文獻

[1] 蔡昉. 中國勞動力市場發育與就業變化 [J]. 經濟研究, 2007 (7): 4-14.

[2] 柴忠東, 施慧家. 新新貿易理論「新」在何處——異質性企業貿易理論剖析 [J]. 國際經貿探索, 2008 (12): 14-18.

[3] 樊瑛. 國際貿易中的異質企業: 一個文獻綜述 [J]. 財貿經濟, 2008 (2): 120-126.

[4] 方明月, 等. 中國工業企業就業彈性估計 [J]. 世界經濟, 2010 (8): 3-16.

[5] 葛玉好, 曾湘泉. 市場歧視對城鎮地區性別工資差距的影響 [J]. 經濟研究, 2011 (6): 45-92.

[6] 郭鳳鳴, 張世偉. 國有部門和非國有部門中的性別工資差異——基於雙重樣本選擇模型的經驗研究 [J]. 數量經濟技術經濟研究, 2010 (12): 91-102.

[7] 賀建永. 論中國工會維護職能的缺失 [J]. 經濟研究導刊, 2011 (13): 137-139.

[8] 胡潔, 陳彥煌. 貿易自由化、產業集聚與失業: 新經濟地理觀 [J]. 世界經濟, 2011 (3): 40-50.

[9] 國家統計局. 中國統計年鑒, 2010 [EB/OL]. http://www.stats.gov.cn/.

[10] 李利英, 董曉媛. 性別工資差異中的企業效應 [J]. 經濟研究, 2008 (9): 122-135.

[11] 李榮融. 中國經濟能平穩發展, 國有企業作用很重要 [J]. 財經國家周刊, 2010-03-31 [EB/OL]. http://news.sohu.com/20100331/n271238925.shtml.

[12] 劉志彪, 張杰. 我國本土製造業企業出口決定因素的實證分析 [J].

經濟研究，2009（8）：99-111.

[13] 陸銘. 論全球工會力量變化的體制原因［J］. 世界經濟研究，2001（3）：23-28.

[14] 陸銘，陳釗. 就業體制轉軌中的漸進改革措施———國有企業二層次內部勞動力市場效率改進［J］. 經濟研究，1998（11）：42-47.

[15] 毛日昇. 出口、外商直接投資與中國製造業就業［J］. 經濟研究，2009（11）：105-117.

[16] 潘士遠. 貿易自由化、有偏的學習效應與發展中國家的工資差異［J］. 經濟研究，2007（6）：98-105.

[17] 錢學鋒. 企業異質性、貿易成本與出口增長的二元邊際［J］. 管理世界，2008（9）：44-56.

[18] 錢學鋒，熊平. 中國出口增長的二元邊際及其決定因素［J］. 經濟研究，2010（1）：65-79.

[19] 盛斌. 中國對外貿易政策的政治經濟學分析［M］. 上海：上海人民出版社，2002.

[20] 盛斌，牛蕊. 貿易、勞動力需求彈性與就業風險：中國工業的經驗研究［J］. 世界經濟，2009（6）：3-15.

[21] 盛譽. 貿易自由化與中國要素市場扭曲的測定［J］. 世界經濟，2005（6）：29-36.

[22] 孫健，徐輝，張文靜. 國有、民營、外資企業人才集聚模式比較研究［J］. 軟科學，2007（3）：138-141.

[23] 王美豔. 中國城市勞動力市場上的性別工資差異［J］. 經濟研究，2005（12）：35-44.

[24] 夏小林. 私營部門：勞資關係與協調機制［J］. 管理世界，2004（6）：33-52.

[25] 許曉軍，李珂. 職工眼中的企業工會——企業工會現狀調查［J］. 中國勞動關係學院學報，2006（2）：48-52.

[26] 姚先國，郭東杰. 改制企業勞動關係的實證分析［J］. 管理世界，2004（4）：97-107.

[27] 俞會新，薛敬孝. 中國貿易自由化對工業就業的影響［J］. 世界經濟，2002（10）：10-13.

[28] 余淼杰. 中國的貿易自由化與製造業企業的生產率：來自中國企業層面的實證分析［R］. 北京大學中國經濟研究中心工作論文，2008，No.

C2008004.

［29］余淼杰. 中國的貿易自由化與製造業企業生產率［J］. 經濟研究, 2010（12）: 97-110.

［30］張杰, 李勇, 劉志彪. 出口促進中國企業生產率提高嗎——來自中國本土製造業企業的經驗證據: 1999—2003［J］. 管理世界, 2009（12）: 11-26.

［31］張曙光, 張燕生, 萬中心. 中國貿易自由化進程的理論思考［J］. 經濟研究, 1996（11）: 30-38.

［32］張翼, 馬光. 法律、公司治理與公司醜聞［J］. 管理世界, 2005（10）: 113-122.

［33］張茵, 萬廣華. 全球化加劇了城市貧困嗎?［J］. 經濟學（季刊）, 2006（6）: 105-126.

［34］張永安, 湛墾華. 非線性經濟學的特點與展望［J］. 經濟學動態, 1996（7）: 48-53.

［35］赴加拿大「國有控股企業工資收入管理」培訓考察報告［EB/OL］. 中國勞動保障科研網. http: //www. calss. net. cn/n1196/n1346/n6008027/6160999. html.

［36］周博. 中國勞動力需求彈性分析［J］. 經濟與管理研究, 2002（4）: 43-46.

［37］周申. 貿易自由化對中國工業勞動需求彈性影響的經驗研究［J］. 世界經濟, 2006（2）: 31-40.

［38］周申, 李春梅, 謝娟娟. 國際貿易與勞動力市場: 研究述評［J］. 南開經濟研究, 2007（3）: 107-123.

［39］周申, 易苗, 王雨. 外商直接投資、外包對中國製造業勞動需求彈性的影響［J］. 經濟經緯, 2010（1）: 38-41.

［40］朱勇國, 丁雪峰. 2009年中國雇主品牌年度報告［M］. 北京: 中國經濟出版社, 2010.

［41］AITKEN B J, HARRISON A E. Do Domesitic Firms Benefit from Direct Foreign Investment? Evidence from Venezuela［J］. American Economic Review, 1999, 89（3）: 605-618.

［42］AMITI M, KONINGS J. Trade Liberalization, Intermediate Inputs, and Productivity: Evidence from Indonesia［J］. American Economic Review, 2007, 97（5）: 1611-1638.

[43] BELMAN D. Unions, the Quality of Labor Relations and Firm Performance [M] //LARRY MISHEL, PAULA B VOOS (Eds.). Unions and Economic Competitiveness. New York: M. E. Sharpe, 1992.

[44] BENNETT J T, KAUFMAN B E. What Do Unions Do? A Twenty-Year Perspective [M]. New Brunswick, NJ: Transaction Publishers, 2007.

[45] BERGIN R P, FEENSTRA C R, HANSON H G. Offshoring and Volatility: Evidence from Mexico's Maquiladora Industry [J]. American Economic Review, 2009 (99): 1664-1671.

[46] BERNARD A, JENSEN J B. Exports, Jobs and Wages in US Manufacturing: 1976—1967 [J]. Brookings Papers on Economic Activity, Microeconomics, 1995 (1995): 67-112.

[47] BERNARD A B, EATON J, JENSEN J B, KORTUM S S. Plants and Productivity in International Trade [J]. American Economic Review, 2003, 93 (4): 1268-1290.

[48] BERTRAND M. From Invisible Handshake to the Invisible Hand: How Import Competition Changes the Employment Relationship [J]. Journal of Labor Economics, 2004 (22): 723-765.

[49] BESLEY T, BURGESS R. Can Labor Regulation Hinder Economic Performance? Evidence from India [R]. London School of Economics mimeograph, 2002.

[50] BIRCAN C. Foreign Direct Investment and Wages: Does the Level of Ownership Matter? [R]. University of Michigan, Discussion Paper, No. 618, 2011.

[51] BLANCHOWER D G, OSWALD A J, SANFEY P. Wages, Profits and Rentsharing [J]. Quarterly Journal of Economics, 1996 (111): 227-253.

[52] BRADFORD S C, GRIECO P L E, HUFBAUR G C. The Payoff to America from Global Integration [M] //BERGSTEN C F (Ed.). The United States and the World Economy: Foreign Economic Policy for the Next Decade. Washington: Institute for International Economics, 2005.

[53] BRUNO G S F, FALZONI A M, HELG R. Measuring the Effect of Globalization on Labor Demand Elasticity: An Empirical Application to OECD Countries [R]. Hamburg Institute of International Economics Working Paper, No. 153, 2004.

[54] BUCH C M, LIPPONER A. Volatile Multinationals? Evidence from the

Labor Demand of German Firms [J]. Labor Economics, 2010 (17): 345-353.

[55] CAI H, LIU Q. Competition and Corporate Tax Avoidance: Evidence from Chinese Industrial Firms [J]. Economic Journal, 2009 (16): 764-795.

[56] CARD D. The Effect of Unions on Wage Inequality in the U. S. Labor Market [J]. Industrial & Labor Relations Review, 2001 (54): 296-315.

[57] CARD D, LEMIEUX T, RIDDELL CRAIG W. Unions and Wage Inequality [M] //BENNETT, KAUFMAN (Eds.). What Do Unions Do? A Twenty-Year Perspective. NJ: Transaction Publishers, 2007.

[58] CHANEY T. Liquidity Constrained Exporters [R]. Mimeo, University of Chicago, 2005.

[59] CHEN B, MA H. Trade Restrictiveness and Deadweight Loss in China's Import [J]. Frontiers of Economics in China, 2012, 7 (3): 478-494.

[60] CHEN F. Between the State and Labor: the Conflict of Chinese Trade Unions' Double Identity in Market Reform [J]. The China Quarterly, 2003 (176): 1006-1028.

[61] CONYON M J, G S, THOMPSON S ET AL.. The Productivity and Wage Effects of Foreign Acquisition in the United Kingdom [J]. Journal of Industrial Economics, 2002, 50 (1): 86-102.

[62] CUNAT A, MELITZ M. Volatility, Labor Market Flexibility, and the Pattern of Comparative Advantage [R]. NBER Working Paper, No. 13062, 2007.

[63] DINARDO J, LEE D. Economic Impacts of New Unionization On Private Sector Employers: 1984—2001 [J]. Quarterly Journal of Economics, 2004 (119): 1328-1441.

[64] EARLE J S, TELEGDY ÁLMOS. Ownership and Wages: Estimating Public-Private and Foreign-Domestic Differentials Using Leed from Hungary 1986—2003 [R]. NBER Working Paper, No. 12997, 2007.

[65] EKHOLM K, HAKKALA K. The Effect of Offshoring on Labor Demand: Evidence from Sweden [R]. London: Centre for Economic Policy Research, CEPR Discussion Paper 5648, 2005.

[66] FABBRI F, HASKEL J E, SLAUGHTER M J. Does Nationality of Ownership Matter for Labor Demands? [J]. Journal of the European Economics Association, 2003 (1): 698-707.

[67] FAJNZYLBER P, MALONEY F W. Labor Demand and Trade Reform in

Latin America [J]. Journal of International Economics, 2005 (66): 423-446.

[68] FEENSTRA R C. Estimating the Effects of Trade Policy [M] //GENE GROSSMAN, KENNETH ROGOFF (Eds.). Handbook of International Economics. Vol. 3. Amsterdam: Elsevier, 1995.

[69] FEENSTRA R C, HANSON G H. Globalization, Outsourcing and Wage Inequality [J]. American Economic Review, 1996 (86): 240-245.

[70] FEENSTRA R C, HANSON G H. The Impact of Outsourcing and High-technology Capital on Wages: Estimates for the United States, 1979—1990 [J]. Quarterly Journal of Economics, 1999 (114): 907-940.

[71] FEENSTRA R C, KEE H L. Export Variety and Country Productivity: Estimating the Monopolistic Competition Model with Endogenous Productivity [J]. Journal of International Economics, 2008, 74 (2): 500-518.

[72] FREEMAN R B. What Do Unions Do? [R]. National Bureau of Economic Research, Working Paper No. 11410, 2005.

[73] FREEMAN R B, MEDOFF J L. What Do Unions Do? [M]. New York: Basic Books, 1984.

[74] GABEL M. Economic Integration and Mass Politics: Market Liberalization and Public Attitudes in the European Union [J]. American Journal of Political Science, 1998 (42): 936-953.

[75] GE Y. What Do Unions Do in China? [R]. SSRN Working Paper, SSRN-id1031084, 2007.

[76] GEISHECKER I. The Impact of International Outsourcing on Individual Employment Security: A Microlevel Analysis [J]. Labor Economics, 2008 (15): 291-314.

[77] GORG H, HENY M, STROBL E. Multinational Companies, Backward Linkages and Labor Demand Elasticities [J]. Canadian Journal of Economics, 2009 (42): 332-348.

[78] GORG H, STROBL E. Footloose Multinationals [J]. The Manchester School, 2003 (71): 1-18.

[79] GOTTSCHALK P, MOFFITT R. The Growth of Earnings Instability in the U. S. Labor Market [R]. Brookings Papers on Economic Activity, 1994: 217-272.

[80] GREENE W H. Econometric Analysis [M]. 6th Edition. New Jersey: Pearson, 2008.

[81] HAKKALA K, HEYMAN F, SJOHOLM F. Cross-border Acquisitions, Multinationals and Wage Elasticities [J]. Review of World Economics, 2010 (146): 263-280.

[82] HAMERMESH D S. The Demand for Labor in the Long Run [M] // ASHENFELTER ORLEY, LAYARD RICHARD (Eds.). Handbook of Labor Economics. Vol. 1. Elseiver Science Publishers BV, 1986a: 429-471.

[83] HAMERMESH D S. Labor Demand [M]. NJ: Princeton University Press, 1986b.

[84] HAOUAS I, YAGOUBI M. Trade Liberalization and Labor Demand Elasticities: Evidence from Tunisia [R]. Institute for the Study of Labor, University of Paris, Research Paper Series No. 1084, 2008.

[85] HARRIS R, ROBINSON C. The Effect of Foreign Acquisitions on Total Factor Productivity: Plantlevel Evidence from U. K. Manufacturing 1987—1992 [J]. The Review of Economics and Statistics, 2002, 84 (3): 562-568.

[86] HASAN R, MITRA D, RAMASWAMY K V. Trade Reforms, Labor Regulations and Labor Demand Elasticities: Empirical Evidence from India [J]. Review of Economics and Statistics, 2007, 89 (3): 466-481.

[87] HAUSMAN J A. Specification Tests in Econometrics [J]. Econometrica, 1978, 46 (6): 1251-1271.

[88] HAUSMANN R, B KLINGER. Structural Transformation and Patterns of Comparative Advantage in the Product Space [R]. CID Working Paper, No. 128, 2006.

[89] HIJZEN A, SWAIM P. Offshoring, Labor Market Institutions and the Elasticity of Labor Demand [J]. European Economic Review, 2010 (54): 1016-1034.

[90] HUMMELS D, KLENOW P. The Variety and Quality of a Nation's Exports [J]. American Economic Review, 2005, 95 (3): 704-723.

[91] IMF. World Economic Outlook [M]. Washington, 2007.

[92] JEAN S. The Effect of International Trade on Labor-Demand Elasticities: Intersectoral Matters [J]. Review of International Economics, 2000 (8): 504-516.

[93] KATZ L F, SUMMERS L H. Can Interindustry Wage Differentials Justify Strategic Trade Policy? [M] //National Bureau of Economic Research, Inc. Trade

Policies for International Competitiveness. Washington, 1989: 85-124.

[94] KAUFMAN B E. What Unions Do: Insight from Economic Theory [J]. Journal of Labor Research, 2004 (25): 351-382.

[95] KRISHNA P, MITRA D, CHINOY S. Trade Liberalization and Labor Demand Elasticities: Evidence from Turkey [J]. Journal of International Economics, 2001 (55): 391-409.

[96] KRISHNA P, SENSES M Z. International Trade and Labor Income Risk in the United States [R]. The National Bureau of Economic Research, Working Paper, NO. 14992, 2009.

[97] LEAMER E. A Trade Economist's View of U. S. Wages and Globalization [M] //SUSAN COLLINS (Ed.). Imports, Exports and the American Worker. Washington D. C.: Brookings Institution, 1995.

[98] LEVINSOHN J. Testing the Imports–as–Market–Discipline Hypothesis [J]. Journal of International Economics, 1993 (35): 1-22.

[99] LEVINSOHN J, PETRIN A. Estimating Production Functions Using Inputs to Control for Unobservable [J]. Review of Economic Studies, 2003, 70 (2): 317-341.

[100] LEVINSOHN J, PETRIN A, POI B. Production Function Estimation in STATA Using Inputs to Control for Unobservables [J]. Stata Journal, 2004 (4): 113-123.

[101] LI M, COXHEAD I. Trade and Inequality with Limited Labor Mobility: Theory and Evidence from China [J]. Review of Development Economics, 2011 (15): 48-65.

[102] LI Z Y, YU M J. Exports, Productivity and Credit Constraints: a Firm-level Empirical Investigation of China [R]. CCER Working Paper, No. E2009005, 2009.

[103] MANOVA K. Credit Constraints, Heterogeneous Firms and International Trade [R]. NBER Working Paper, No. 14531, 2008.

[104] MAYDA A M, RODRIK D. Why Are Some People (and Countries) More Protectionist Than Others [R]. NBER Working Paper, No. 8461, 2002.

[105] MELITZ M J. The Impact of Trade on Intra-industry Reallocations and Aggregate Industry Productivity [J]. Econometrica, 2003, 71 (6): 1695-1725.

[106] METCALF D. Unions and Productivity, Financial Performance and In-

vestment: International Evidence [M] //JOHN ADDISON, CLAUS SCHNABEL (Eds.). International Handbook of Trade Unions. Northampton Mass: Edward Elgar, 2003.

[107] METCALF D, LI J W. Chinese Unions: An Alice in Wonderland Dream World [J]. Advances in Industrial and Labor Relations, 2006 (15): 213-268.

[108] MITCHELL D J B. Explanations of Wage Inflexibility: Institutions and Incentives [R]. UCLA Working Paper, No. 80, 1985.

[109] MITRA D, SHIN J. Import Protection, Exports and Labor Demand Elasticities: Evidence from Korea [J]. International Review of Economics and Finance, 2011 (10): 8.

[110] AKHTER N, ALI A. Does Trade Liberalization Increase the Labor Demand Elasticities? Evidence from Pakistan [R]. MPRA Paper, No. 3881, 2007.

[111] NAVARETTI G B, CHECCHI D, TURRINI A. Adjusting Labor Demand: Multinationals vs. National Firms [J]. Journal of the European Economic Association, 2003 (1): 708-719.

[112] OECD. OECD Employment Outlook [M]. Paris: OECD, 2007.

[113] OLLEY S, PAKES A. The Dynamics of Productivity in the Telecommunications Equipment Industry [J]. Econometrica, 1996, 64 (6): 1263-1297.

[114] O'ROURKE K H, SINNOTT R. The Determinants of Individual Trade Policy Preferences: International Survey Evidence [M]. Washington Brookings: 2001: 157-206.

[115] PANAGARIYA A. Trade Openness: Consequences for the Elasticity of Demand for Labor and Wage Outcomes [R]. Mimeo, Department of Economics, University of Maryland, 2000.

[116] RODRIK D. Has Globalization Gone Too Far [R]. Washington D. C.: Institute for International Economics, 1997.

[117] SCHEVE K E, SLAUGHTER M J. What Determines Individual Trade-Policy Preferences [J]. Journal of International Economics, 2001a (54): 267-292.

[118] SCHEVE K E, SLAUGHTER M J. Labor Market Competition and Individual Preferences Over Immigration Policy [J]. Review of Economics and Statistics, 2001b (83): 133-145.

[119] SCHEVE K E, SLAUGHTER M J. Economic Insecurity and the Global-

ization of Production [J]. American Journal of Political Science, 2004a (48): 662-674.

[120] SCHEVE K E, SLAUGHTER M J. Public Opinion, International Integration, and the Welfare State [M] //BARDHAN P, BOWLES S, WALLERSTEIN M (Eds.). Globalization and Egalitarian Redistribution. Washington: Russell Sage Foundation, 2004b.

[121] SENSES M Z. The Effects of Offshoring on the Elasticity of Labor Demand [J]. Journal of International Economics, 2010 (81): 89-98.

[122] SLAUGHTER M J. International Trade and Labor Demand Elasticities [J]. Journal of International Economics, 2001 (54): 27-56.

[123] VAN B J. Exporting Raises Productivity in Sub-Saharan African Manufacturing Firms [J]. Journal of International Economics, 2005, 67 (2): 373-391.

[124] WHITE H. A Heteroscedasticity-Consistent Covariance Matrix Estimator and a Direct Test for Heteroscedasticity [J]. Econometrica, 1980 (48): 817-838.

[125] WOOD A. How Trade Hurt Unskilled Workers [J]. Journal of Economic Perspectives, 1995, 9 (3): 57-80.

[126] WORLD BANK. Improving the Investment Climate in India [EB/OL]. World Development Indicators. http://www.worldbank.org, 2003.

[127] WU D M. Alternative Tests of Independence Between Stochastic Regressors and Disturbances [J]. Econometrica, 1973 (41): 733-750.

附錄 高技術產業統計分類目錄

　　本書第五章中依據《中國高技術產業統計年鑒》，根據國家統計局頒布的《高技術產業統計分類目錄》將所有的產業劃分為高技術產業與低技術產業。高技術產業目錄列於附表中，其他產業則均劃為低技術產業。

附表　　　高技術產業分類對應表

行業名稱	產業四位碼	行業名稱	產業四位碼
核燃料加工	2530	電子計算機外部設備製造	4043
信息化學品製造	2665	電子器件製造	**405**
醫藥製造業	**27**	電子真空器件製造	4051
化學藥品原藥製造	2710	半導體分立器件製造	4052
化學藥品制劑製造	2720	集成電路製造	4053
中藥飲片加工	2730	光電子器件及其他電子器件製造	4059
中成藥製造	2740	電子元件製造	**406**
獸用藥品製造	2750	電子元件及組件製造	4061
生物、生化製品的製造	2760	印製電路板製造	4062
衛生材料及醫藥用品製造	2770	家用視聽設備製造	**407**
醫療儀器設備及器械製造	**368**	家用影視設備製造	4071
醫療診斷、監護及治療設備製造	3681	家用音響設備製造	4072
口腔科用設備及器具製造	3682	其他電子設備製造	**409**
實驗室及醫用消毒設備和器具的製造	3683	通用儀器儀表製造	**411**
醫療、外科及獸醫用器械製造	3684	工業自動控制系統裝置製造	4111
機械治療及病房護理設備製造	3685	電工儀器儀表製造	4112
假肢、人工器官及植（介）入器械製造	3686	繪圖、計算及測量儀器製造	4113

附表(續)

行業名稱	產業四位碼	行業名稱	產業四位碼
其他醫療設備及器械製造	3689	實驗分析儀器製造	4114
航空航天器製造	**376**	試驗機製造	4115
飛機製造及修理	3761	供應用儀表及其他通用儀器製造	4119
航天器製造	3762	專用儀器儀表製造	**412**
其他飛行器製造	3769	環境監測專用儀器儀表製造	4121
通信設備、計算機及其他電子設備製造業	**40**	汽車及其他用計數儀表製造	4122
通信設備製造	**401**	導航、氣象及海洋專用儀器製造	4123
通信傳輸設備製造	4011	農林牧漁專用儀器儀表製造	4124
通信交換設備製造	4012	地質勘探和地震專用儀器製造	4125
通信終端設備製造	4013	教學專用儀器製造	4126
移動通信及終端設備製造	4014	核子及核輻射測量儀器製造	4127
其他通信設備製造	4019	電子測量儀器製造	4128
雷達及配套設備製造	4020	其他專用儀器製造	4129
廣播電視設備製造	**403**	光學儀器製造	4141
廣播電視節目製作及發射設備製造	4031	複印和膠印設備製造	4154
廣播電視接收設備及器材製造	4032	計算器及貨幣專用設備製造	4155
應用電視設備及其他廣播電視設備製造	4039	其他儀器儀表的製造及修理	4190
電子計算機製造	**404**	公共軟件服務	**621**
電子計算機整機製造	4041	基礎軟件服務	6211
計算機網路設備製造	4042	應用軟件服務	6212

國家圖書館出版品預行編目(CIP)資料

中國貿易開發、就業風險與企業異質性 / 李娟 著. -- 第一版.
-- 臺北市：崧博出版：崧樺文化發行, 2018.09
　　面；　公分
ISBN 978-957-735-494-5(平裝)
1.國際貿易 2.勞工就業 3.中國
558.52　　　107015375

書　　名：中國貿易開發、就業風險與企業異質性
作　　者：李娟 著
發 行 人：黃振庭
出 版 者：崧博出版事業有限公司
發 行 者：崧燁文化事業有限公司
E-mail：sonbookservice@gmail.com
粉絲頁　　　　　　　網　址
地　　址：台北市中正區重慶南路一段六十一號八樓815室
8F.-815, No.61, Sec. 1, Chongqing S. Rd., Zhongzheng
Dist., Taipei City 100, Taiwan (R.O.C.)
電　　話：(02)2370-3310　傳　真：(02) 2370-3210
總經銷：紅螞蟻圖書有限公司
地　　址：台北市內湖區舊宗路二段 121 巷 19 號
電　　話:02-2795-3656　　傳真:02-2795-4100　網址：
印　　刷：京峯彩色印刷有限公司（京峰數位）
　　本書版權為西南財經大學出版社所有授權崧博出版事業有限公司獨家發行電子書及繁體書繁體版。若有其他相關權利及授權需求請與本公司聯繫。
定價：350 元
發行日期：2018 年 9 月第一版
◎ 本書以POD印製發行